법구경

법구경
法句經

이종기 옮김

운주사

머리말

이 법구경法句經 번역본은 오래전 이종기 님께서 옮겨 쓰신 세 권(법구경, 법화경, 유마경)의 유고집 중 한 권입니다. 벌써 30여 년이 지난 지금에서야 당시 친정 아버님께서 저에게 부탁하셨던 교정을 보게 되었음을 먼저 밝힙니다.

아버님은 일찍이 생업에 전념하시면서도 항상 많은 책을 통해 다방면으로 박학하셨고 말년에는 불경에 심취하시어 다년간 불경 번역에 매진하셨습니다. 그리고 출판하시기 전 마무리 교정 작업을 저에게 부탁하셨으나 저는 송구스럽게도 제 생활에 바빠 무심했었습니다.

그러던 중 1987년 동짓날 남산의 원각회에서 강연하시다가 갑자기 떠나시어 너무 황망했었습니다. 그리고 존경심과 그리움이 사무칠수록 회한의 아픔도 더 커지기만 할뿐 조금도 가시지 않았습니다. 그럼에도 오랫동안 이 교정 작업을 선뜻 실현하지 못했습니다. 이유는 일반 서적과도 다르고 학술서적과도 달라서 저의 부족한 경험과 지식으로는 쉽게 닿기 어려운 세계였기 때문이었습니다. 그리하여 읽고 또 읽고 또 읽어도 그동안 두텁게 쌓인 여러 가상假相의 틀을 벗지 못해 제 시야는 좀처럼 트이지 않았습니다. 도리어 아버님의 노고를 훼손하지 않을까 주저하는 사이에 시간은 걷잡을 수 없이 흘렀습니다. 이제는 그 어떤 이유도 내세우기 어려울 만큼 지연되었기에 마침내 용단을 내리게 되었습니다.

돌이켜 보면 늘 정직하시고 청렴하셨으며 근검절약하시고 애국애족의 자세로 많은 인척들과 이웃들을 위해 아낌없이 베푸신 아버님이셨습니다. 그리하여 그 아쉽고 애통한 마음이 같으셨던 여러 지인들의 도움으로 유고집을 엮을 수 있었습니다. 많이 늦었으나 당시 서문을 써주신 이종익 박사님 외 여러분들께 다시 한번 머리 숙여 감사드립니다.

그리고 점점 더 물질이 우선시 되어 이기심과 욕심으로 어지러운 현대인들에게 그 본연의 성정을 회복하고 흔들리는 마음을 올곧게 다스릴 지혜를 보다 널리 전하시려던 아버님의 뜻을 비로소 실감하게 되었습니다. 비록 생전에는 따르지 못했으나 홀로 실천하신 그 외로운 과정들을 마음 깊이 되새기면서 아버님이 생각하신 그 진정한 뜻을 최대한 성실히 지키며 교정하고자 했습니다.

이에 교정자로서 말씀드리면 기본적으로 총 704편의 게송으로 쓰여진 총 35품의 고대 한문 경전의 원문에 충실하고자 했습니다. 그러나 이미 30여 년이 지난 시점에서 다시금 전개될 시간 상황들을 가늠해보면 고대 한문 경전이 당대의 현대 국어로 재창조되는 과정은 예나 지금이나 결코 적지 않은 한계와 모순이 내포되지 않을 수 없을 것입니다. 그리하여 시대와 공간에 따라 끊임없이 변모 생성되는 새로운 생명체로서 그 여러 차이를 최소화할 방법들이 여러모로 강구되었다고 봅니다.

그 중 진리의 말씀 그대로의 참뜻을 가능한 바르게 옮기시고자 하신 아버님의 의중을 떠올리면서 그 함축된 뜻까지 좀 더 이해하기 위해 우선 각 품의 형식적 구성체재를 각주에 덧붙였습니다. 그리고 각 품의 핵심적인 내용을 이해할 수 있는 몇몇 기본적인 개념들에 대한 풀이와 해석의 근거 등을 간략히 제시했습니다.

아시는 바와 같이 경전에 관한 여러 고명하신 분들의 해박한 지식과 해석들은 어려운 경전의 의미를 바르고 쉽게 이해할 수 있는 중요한 지침이 됩니다. 결코 쉽지 않은 내용을 지극히 단순한 형식에 압축한 게송의 특징 때문에 이미 심도 있게 밝혀진 관련 사실 혹은 배경 설화 혹은 용어 풀이 등은 실제 큰 도움이 될 것입니다. 그러나 간혹 본문의 내용이 모호하고 난해하게 옮겨진 상황에서 이를 보충할 또 다른 차원의 설명은 우선 그 게송의 형식과 내용에 연계되어야 함에도 불구하고 일반적이고 근원적인 설명일 경우 오히려 핵심이 분산되어 더 난해하고 복잡하게 읽힐 수도 있습니다. 또한 내용들이 지속적으로 이어지면서 보완되거나 대비되며 부각될 수 있는 의미의 흐름이 차단 되기도 합니다. 때로는 훌륭한 설명들에 끌리어 운문으로 구현된 본래의 특징과 의미로 깨달을 수 있는 중요한 의의를 놓칠 수도 있습니다. 곧 법구경은 그 고유한 운문 체계 속에 무르녹은 말씀의 진수를 보다 폭 넓게 익히는 방법이 무엇보다 중요하기 때문입니다.

한편 아버님의 유고집은 출판 당시 특수한 상황 때문에 경전 본문에 만 치중한 특징이 있습니다. 따라서 유고집을 토대로 교정된 이 법구경 도 원문 이해에 집중된 단순한 체재이어서 다른 번역본과 차이가 있습니다. 그러나 결과적으로 각 편에 함축된 뜻 깊은 내용과 이에 알맞은 운문 체재에 일관성 있게 집중됨으로써 보다 체계적이고 종합 적으로 관상觀想할 수 있는 장점이 있습니다. 가장 단순한 체재 속에 그 복잡다단한 삼라만상이 총화된 법구경의 넓고 깊은 세계는 기본적으로 각 편에 구성된 말씀들을 바로 보고 들음으로써 궁극적으로 내포된 그 무상無想의 의미에 보다 가까이 닿을 수 있습니다. 때문에 구현된 말씀 하나하나를 바르고 꼼꼼하게 읽고 읊는 것이 광대무변한 인간 세계 상황들과 이에 겹겹이 응축된 의미들을 비로소 감응할 수 있음은 누구도 부정할 수 없을 것입니다.

물론 여러 전문적인 지식과 해박한 경험 등을 통한 이해 방법 등은 그 궁극적인 지향점을 밝힐 가장 핵심적인 방법 중 하나일 것입니다. 그럼에도 이 귀하신 가르침들은 또한 수많은 개개인들의 독특한 시, 공간의 상황과 생활 현실에 자유롭게 열려진 말씀들로서 있는 그대로 의 원초적인 향미와 자연적이고 우주적인 참된 보편적인 진리가 보다 능동적으로 이해되고 음미되며 실천될 수 있는 중요한 요소들입니다. 그리하여 게송의 체계는 경귀나 금언같은 말씀들이 적지 않으나 이들 은 실제 서로 연계되고 통합되어 보다 큰 체계로 확장 순환되는 구성 관계들입니다. 바로 인간과 인간, 인간과 자연, 우주와 인간 세계 등의 관계로서 삼라만상의 여러 복잡한 현상들이 지극히 자연스럽고도 광활하게 어우러진 총화總和라고 할 수 있습니다.

결국 인간 세계의 모순부터 그 이상의 닿을 수 없는 곳까지 그 복잡한 양상들이 짧고 단순한 게송의 리듬에 자연스럽게 이어져 구르 는 사이 우리가 궁극적으로 이르를 비움과 없음과 침묵의 경지 등이 역설적으로 밝혀져 있습니다.

그동안 경전에 스며든 참뜻을 새기시며 늘 바른길로 향하기를 간절 히 바라셨던 아버님의 당부를 다시금 되새겨봅니다. 그리고 이 귀하고 귀하신 말씀을 통해 깊이 자성할 기회를 주셔서 옆에 계신 듯 더없이 행복하고 든든합니다. 불효했던 모든 것들이 너무 후회스럽고 아직도 덜어내지 못한 이기심들이 너무 무겁습니다.

　끝으로 교정 중 드러난 여러 한계는 모두 저의 부족함 때문입니다. 지속적으로 많은 가르침 주시기를 진심으로 바랍니다. 고맙습니다.
　책 출간을 위해 도와주신 운주사 사장님께도 깊은 감사의 말씀 드립니다.

교정자 이우경

삼가 씁니다. 2019. 5.

법구경에 대한 간략한 배경과 특징

법구경法句經은 초기 불교 형태를 대략 짐작할 수 있는 가장 오래된 경전이다. 이 경전이 우리나라에 들어온 년대는 정확하지 않으나 고려 시대 몽고의 침입(1231년)을 피해 강화에 천도했을 때 부처의 힘을 기원하며 판각(고종23년, 1236-38년, 1251년)된 팔만대장경에 수록 되었다고 한다.

오랫동안 암송되어 전해지던 부처님 말씀들이 게송偈頌의 형태로 쓰여진 법구경은 대체로 부처님 사후 3, 4백 년이 지난 기원전 1세기쯤 인도에서 편찬되었다고 한다. 전하는 바에 의하면 편찬 당시 이미 여러 종류들이 있었다고 추측되나 이는 기원 전후 활동했다고 보는 인도의 법구法救에 의해 편찬되었다. 그리고 이어 인도 출신으로 중국 에서 역경승을 지낸 유기난維祇難에 의해 한문으로 번역된 팔리어본 (Dhamma pada)이 있으며 그 외에도 범어梵語로 쓰인 산스크리트어본 (Udana varga) 등이 있다.

한편 부처님께서는 원래 인도 가바라의 성주인 정반왕의 태자로 태어나셨다. 그러나 태자인 싯달타는 "이슬의 사라짐, 벌레들의 먹힘, 사문유관 때 만난 노인, 무희들의 실체, 아들 라후라 탄생" 등 여러 경험을 통해 이른바 무상함, 늙음, 질병, 죽음, 애착 등에 대해 깊이 깨닫고 마침내 16세 이후 출가를 결심했다고 한다. 그리고 오랜 수행 끝에 보리수나무 아래에서 명상과 사색을 하시던 중 큰 깨달음을 얻게 되었다. 그 때가 바로 35세였다.

부처님께서는 최초의 설법으로 초전법륜初轉法輪에서 중도中道를 말씀하시고 또한 사제四諦를 밝히시면서 이를 바르게 알기 위해 팔정도 八正道를 따르라고 하셨다. 이러한 설법들은 대체로 당시 출가자들에게 하신 말씀들이었다. 그러나 가정에서 재산을 유지하며 교단에 재정적인 도움을 준 재가 신자들에게는 대체로 보시에 관한 시론施論과 계율을 지키고 질서를 유지하기 위한 계론戒論 등을 설법하셨다고 한다. 결국 갠지스강 유역을 중심으로 여러 지역에서 설법하신 45여 년 동안 중생들을 제도하시며 위대한 업적을 이루신 후 마침내 여든이 되어 입멸(B.C. 486년)하시었다.

이러한 바탕에서 이 법구경은 한역본인 팔리어본을 토대로 무상품에서 범지품까지 총 35품이 번역되었음을 짐작할 수 있다.

이는 실제 유기난이 처음 가져왔다고 알려진 총 26품(쌍요품에서 범지품까지이며 그중에서도 이양품은 제외되었음)의 팔리어본『담마빠다』와는 구성상 차이가 있으나 실제 총 39품이 수록된 팔리어본 한역본과 비교할 때 그 내용이 일치하는 부분(총 26품)이 많다고 한다. 이에 따라 나머지 13품은 후대에 오면서 더해졌다고 추측되고 있으나 그 출처와 원전의 근거는 아직 명확하게 밝혀지지 않은 상태이다. 그럼에도 이미 추측된 바와 같이 총 500편 혹은 총 700편 혹은 총 900편 등으로 구성된 다양한 판본들을 통해 현재 전해지고 있는 법구경의 원천적 기조와 다양한 형태 등이 여러 방면으로 밝혀진 바이다. 아울러 진리의 말씀이라는 뜻의 "담마빠다"가 "부처님(法)의 말씀(句)" 혹은 "진리(法)의 길(句 혹은 韻)"이란 뜻으로 한역되어 다시 경經의 의미가 더해진 명칭임을 알 수 있다.

결국 법구경은 간단하고 평이해 보이는 게송의 형식과 그 형식에 따른 자연스럽고 친근한 리듬을 통해 초기 불교의 진중한 뜻과 깊이가 가장 오랫동안 가까이 전해질 수 있었음도 짐작할 수 있다. 때문에 그 말씀의 원형적 바탕이 깊게 무르녹아 있는 부처님 말씀의 정수精髓라고 할 수 있다.[2]

덧붙여 이 법구경은 총 35품에 나누어 담은 총 669편(서언 제외)의 내용들이 대체로 4언4행(총440편)과 5언4행(총199편) 외에 4언6행(총27편)과 5언6행(총3편)의 형식으로 표현되었다.

이를 한눈에 비교 확인할 수 있도록 정리하면 다음과 같다.[3]

---

1 법구경은 부처님의 기본 가르침이 426편(423편)의 게송偈頌으로 이루어진 운문으로 부처님의 가르침과 공덕을 찬탄하는 노래라고 일컬어지고 있다. 특히 팔리어본 담마빠다(Dhamma pada)에서 pada를 영어 foot(발, 각운)에 견주어 볼 때 발자취, 시구, 게송의 의미가 함축되었음을 알 수 있다.

아울러 게송偈頌의 게는 범어梵語 gatha의 음역이고 송은 게의 의역이어서 이는 범어와 중국어의 합성어임을 알 수 있다.

2 『법구경』의 기존 번역서 중 이기석(1983, 홍신문화사: 총39장) / 이종기본(1988, 일주문: 총35장)/ 김달진(1992, 현암사: 총26장이나 내용이 취사선택되어 비교적 간략함) / 한명숙(1999, 홍익출판사: 총26장) / F. Max Muller, The Dhammapada and The Sutta-Nipata(2007: 총26장) / 이동형(법구비유경, 2017, 운주사: 총42장이나 배경 내용이 중심이어서 연계된 게송은 극히 간략함) / 현진(담마빠다, 2017, 조계종출판사: 총26장) 등을 참고했다. 그 외 『한문 문법』(홍인표, 1976, 신아사)과 불교의 중요 개념들이 정리된 『실용 한-영 불교용어사전』(박영의, 2010, 홍법) 등을 참고했다.

3 위 표를 설명하면 우선 무상편의 경우 총(21)편임을 표시했다. 그중 4언4행은 제1편부터 제17편까지 총 17편이고 4언6행은 제18편뿐이어서 총 1편임을 (1)로

	4언4행	4언6행	5언4행	5언6행
1무상품(21)	제1-17편(17)	제18편(1)	제19-21편(3)	-
2교학품(29)	제5-16, 23-29편(19)	-	제1-4, 17-22편(10)	-
3다문품(19)	-	-	제1-19편(19)	-
4독신품(18)	제4-18편(15)	-	제1-3편(3)	-
5계신품(16)	제1-16편(16)	-	-	-
6유념품(12)	-	-	제1-8, 10-12편(11)	제9편(1)
7자인품(19)	제1-18편(18)	-	제19편(1)	-
8언어품(12)	제1-4편(4)	-	제5-12편(8)	-
9쌍요품(22)	제3-6, 9-20편(16)	제1, 2, 7, 8, 21, 22편(6)	-	-
10방일품(20)	제15-19편(5)	제20편(1)	제1-7, 9-14편(13)	제8편(1)
11심의품(12)	제1-12편(12)	-	-	-
12화향품(17)	제1-17편(17)	-	-	-
13우암품(21)	제1-16편(16)	-	제17-21편(5)	-
14명철품(17)	제1-9, 13-16편(13)	제17편(1)	제10-12편(3)	-
15나한품(11)	제1-11편(11)	-	-	-
16술천품(16)	제1-6편(6)	제7,8편(2)	제9-16편(8)	-
17악행품(22)	제1-8, 11-14, 16편(13)	제9,10,15(3)	제17-22편(6)	-
18도장품(4)	제3-11편(9)	제12편(1)	제1, 2, 13, 14편(4)	-
19노모품(14)	제1-12편(12)	-	제13, 14편(2)	-
20애신품(13)	제1-7, 10, 11편(9)	제8, 9편(2)	제12, 13편(2)	-
21세속품(14)	제1-5, 7-12편(11)	제6편(1)	제13, 14편(2)	-
22술불품(21)	제11-21편(11)	-	제1-9편(9)	제10편(1)
23안녕품(14)	제1-13편(13)	-	제14편(1)	-

표시했다. 그리고 5언4행은 제19편부터 21편까지 총 3편이나 5언6행은 '-'로 없음을 표시했다.

24호희품(12)	제4-12편(9)	-	제1-3편(3)	-
25분노품(26)	제3-7, 9-17, 19-26편(22)	제8, 18편(2)	제1, 2편(2)	-
26진구품(19)	제1-4, 7-16편(14)	-	제5, 6, 17-19편(5)	-
27봉지품(17)	제1-3, 5-17편(16)	제4편(1)	-	-
28도행품(28)	제10-22편(13)	-	제1-9, 23-28편(15)	-
29광연품(14)	제1-9편(9)	-	제10-14편(5)	-
30지옥품(16)	제13-16편(4)	제11, 12편(2)	제1-10편(10)	-
31상유품(18)	제1-4, 15-18편(8)	-	제5-14편(10)	-
32애욕품(33)	제32, 33편(2)	제7편(1)	제1-6, 8-31편(30)	-
33이양품(20)	제3-17, 19, 20편(17)	-	제1, 2, 18편(3)	-
34사문품(32)	제3-22, 25-32편(28)	-	제1, 2, 23, 24편(4)	-
35범지품(40)	제1-4, 8-31, 33-39편(35)	제5, 32, 40편(3)	제6,7편(2)	-

이상을 종합하면 5언6행으로 구성된 게송은 유념품의 제9편과 방일품의 제8편 그리고 술불품의 제10편 등 단 세 편뿐임을 알 수 있다. 그리고 단일 형식은 5언4행의 다문품과 4언4행의 계신품, 심의품, 화향품, 나한품 등 모두 네 품이며 반대로 모든 형식이 활용된 게송은 방일품이 유일하다.

이를 통해 총35품의 다양한 외형적인 특징들 중 무엇보다 4언4행의 형식이 그 기본적인 틀임을 짐작할 수 있다. 그리하여 4언4행과 5언4행의 두 형식을 활용한 게송이 총14품(교학품, 독신품, 자인품, 언어품, 우암품, 노모품, 안녕품, 호희품, 진구품, 도행품, 광연품, 상유품, 이양품, 사문품)이며 이에서 4언6행으로 확장된 쌍요품, 봉지품 등과 5언4행에서 5언6행으로 확장된 유념품이 있다. 그 외 4언6행이나 5언6행 등이 더해져 세 가지 형식을 활용한 게송도 총 12품(무상품, 명철품, 술천품, 악행품, 도장품, 애신품, 세속품, 술불품, 분노품, 지옥품, 애욕품, 범지품)으로 각 내용에 따라 그 형식 체계가 다양하게 분포된 현황을 알 수 있다. 결국 각 품의 특징과 그 내용의 의미는 이를 담은 형식과의 긴밀한 관계 속에서 보다 폭넓고 깊이 있게 이해될 수 있음을 짐작할 수 있다.

무상품無常品

無常品者 무 상 품 자	무상품의 장에서는[4]
寤欲昏亂 오 욕 혼 란	어둡고 어지러운 욕심에서 깨어나리니
榮命難保 영 명 난 보	영예와 목숨은 보존하기 어려워도
唯道是眞 유 도 시 진	오직 바른 도만은 바르고 참되다 한다.

4 무상無常은 비상非常이라고도 하며 생사와 희로애락 등 모든 존재의 형상이 궁극적으로 영원한 실체가 될 수 없어 무상이다. 곧 모든 형상은 본래 자성과 실체가 없어 무자성無自性이며 이는 우주의 법칙이고 불교의 핵심 교리라고 할 수 있다. 한편 무상품의 품品은 같은 종류의 것을 묶은 것으로 일종의 장章과 같다. 즉 제1장에 해당되는 무상품은 서두에서 4언4행의 게송을 총론 삼아 총 21편이 구성되었다. 그중 제18편은 4언6행으로 구성되었으며 이어 제19편, 제20편, 제21편 등 3편은 5언4행이고 나머지 17편은 모두 4언4행으로 구성되었다.

1-1

睡眠解寤　　잠에서 깨어나 진정 깨달으면[5]
수면 해 오

宜歡喜思　　마땅히 크게 기뻐하며 생각할지니
의 환 희 사

聽我所說　　내 말하는 바를 듣고
청 아 소 설

撰記佛言　　부처님 말씀 갖추어 기록할지어다.
찬 기 불 언

1-2

所行非常　　행하는 바는 항상하지 않으니[6]
소 행 비 상

謂興衰法　　흥하고 쇠하는 법이라 이르며
위 흥 쇠 법

夫生輒死　　대개 태어나면 홀연 죽거늘
부 생 첩 사

此滅爲樂　　이 멸함을 즐거움으로 삼을지어다.[7]
차 멸 위 락

---

5 해오解悟는 요해각오了解覺悟의 줄인 말로 이치로 깨달아 도리를 아는 것이다.
　 즉 바른 지혜로 진리를 깨달아 얻은(증득證得) 깨달음(증오證悟)을 말한다.
6 행行은 일체의 유위법有爲法을 말하며 신身, 구口, 의意 즉 몸과 입과 마음(뜻)으로
　 지은 선악 일체의 원천적 행위를 말한다. 또한 상常은 영원하고 끊임없는 우주의
　 실체로 공空 또는 여래의 법신法身과 같다. 반면 비상非常이란 항상하지 않는
　 것으로 영원하지 않은 것을 뜻한다.

1-3

譬如陶家 비 여 도 가	비유하여 질그릇 만드는 옹기장이가
埏埴作器 연 식 작 기	찰흙을 이겨 그릇을 만들지라도
一切要壞 일 체 요 괴	모든 것이 반드시 깨어지듯이
人命亦然 인 명 역 연	사람의 목숨 또한 그러하노라.

1-4

如河馳流 여 하 사 류	마치 강물이 급히 흘러
往而不返 왕 이 불 반	가서는 되돌아오지 아니하듯이
人命如是 인 명 여 시	사람의 목숨도 이와 같아서
逝者不還 서 자 불 환	떠나가면 돌아오지 아니한다.

---

7 멸멸은 열반을 뜻하는 寂靜적정, 적멸寂滅, 멸정滅定, 깨달음의 경지 등의 뜻이 있다.

한편 삼수三修 중 하나인 낙수樂修는 열반 적정의 낙이 있음을 알고 성문聲聞(부처님 교법에 의지해 아라한阿羅漢 과에 오르는 것을 이상으로 생각하는 수행자)의 '괴롭다는 생각'을 없애는 것을 말한다. 아울러 삼락三樂도 있으며 이는 천락天樂, 선락禪樂, 열반락涅槃樂을 가리킨다.

1-5

譬人操杖 비 인 조 장	비유하여 사람들이 채찍을 잡고
行牧食牛 행 목 식 우	소를 기르고는 잡아먹는 행위처럼
老死猶然 노 사 유 연	늙음과 죽음도 그러함과 같아서
亦養命去 역 양 명 거	목숨 역시 길러지고 떠나간다.

1-6

千百非一 천 백 비 일	백이나 천 중에 하나가 아니고
族姓男女 족 성 남 녀	많은 남녀 일가 백성들이
貯聚財産 저 취 재 산	재산을 모아 쌓아둘지라도
無不衰喪 무 불 쇠 상	줄거나 없어지지 않은 이가 없노라.

1-7

生者日夜 생 자 일 야	생명 있는 이들이 밤낮으로
命自攻削 명 자 공 삭	자신의 목숨 쳐 깎아 없애거늘
壽之消盡 수 지 소 진	수명이 다하면 사라질지나

22

如縈霏水
여 영 비 수

마치 빗물 간절하여 기우제 지내듯 비노라.[8]

1-8

常者皆盡
상 자 개 진

다함이 없다는 것들 모두 다하고[9]

高者亦墮
고 자 역 타

높고 고상한 것들 또한 떨어지나니

合會有離
합 회 유 리

함께 모이면 떠남이 있고

生者有死
생 자 유 사

살아 있는 것은 죽음이 있도다.

1-9

衆生相剋
중 생 상 극

모든 생명체들 서로 다투며[10]

以喪其命
이 상 기 명

그 생명을 잃게 되나니

隨行所墮
수 행 소 타

행함에 따라 떨어지는 바이라면

---

8 이기석과 이종기본은 모두 "여如(영병)수水"로 하여 "낙숫물", "웅덩에 괴인 물"로
번역했고 이동형은 "실개천물(如縈窄水여형정수)"로 번역했으나 이는 실제 한자대
전에서 볼 수 없는 오자들이다. 때문에 비슷한 획과 형태와 의미를 유추해 "영縈비
霏"로 번역했음을 밝힌다.

9 상常은 영원히 생하거나 멸함이 없고 다함이 없는 것을 뜻해 상주常住라고도
한다.

10 중생衆生은 불교에서 인간을 비롯해 생명을 가진 모든 존재를 가리킨다.

自受殃福
자 수 앙 복

재앙과 복덕은 스스로 받으리라.

1-10

老見苦痛
노 견 고 통

늙으면 아파서 고통 받고

死則意去
사 즉 의 거

죽으면 생각도 사라지거늘

樂家縛獄
낙 가 박 옥

가정의 즐거움에 매이어 갇히면

貪世不斷
탐 세 부 단

세상의 욕심 탐하기를 그치지 않노라.

1-11

咄嗟老至
돌 차 로 지

순식간에 노년에 이르고

色變作耄
색 변 작 모

늙으면 낯빛조차 변하거늘

小時如意
소 시 여 의

젊은 때는 뜻과 같이 되더라도

老見蹈藉
노 견 도 적

늙으면 짓밟히게 되니라.

1-12

雖壽百歲
수 수 백 세

비록 백세를 산다 해도

亦死過去
역 사 과 거

죽으면 또한 지난 세상이나니

爲老所厭
위로소염

늙어서 싫어하는 바 되어도

病條至際
병조지제

여러 병들은 곁에 이르노라.

1-13

是日已過
시일이과

이 하루 이미 지나고

命則隨減
명즉수감

생명도 곧 따라 줄어들지니

如小水魚
여소수어

마치 물 적은 곳에 사는 물고기같이

斯有何樂
사유하락

이에 무슨 즐거움 있으리오.

1-14

老則色衰
노즉색쇠

늙으면 육신이 쇠퇴하여 약하고[11]

所病自壞
소병자괴

병 들어 스스로 무너지는 바이며

形敗腐朽
형패부후

형체는 썩어 못쓰게 되리니

命終自然
명종자연

목숨이 다함은 자연의 이치로다.

---

11 색色은 광택과 윤기를 포함해 눈으로 볼 수 있는 구체적 형체로 모든 객관적
유형有形의 물질적 존재이다. 따라서 무형無形의 정신인 심心과 대비된다.

1-15

是身何用
시신하용
이 몸을 무엇에 쓰리오.

恒漏臭處
항루취처
항상 더러운 냄새 새 나오는 곳이거늘

爲病所困
위병소곤
병 들어 괴롭고 고단한 것은

有老死患
유로사환
늙음과 죽음의 근심 있어서이노라.

1-16

嗜欲自恣
기욕자자
즐겨 욕심내며 스스로 방자하면

非法是增
비법시증
바른 법 아닌 것들 이에 더해지리니[12]

不見聞變
불견문변
변화를 보고 들어도 깨닫지 못하리라.[13]

壽命無常
수명무상
살아있는 생명들이 항상하지 않음을.

---

12 비법非法은 부처님의 진리가 아닌 것을 말한다.

13 견문見聞은 보고 듣고 깨달아 아는 것을 뜻한다.

1-17

非有子恃	자식이 있어도 믿어 의지하지 못하고
비 유 자 시	
亦非父兄	부모 형제 또한 믿고 의지하지 못하나니
역 비 부 형	
爲死所迫	죽음이 가까이 다가오는 바이어도
위 사 소 박	
無親可怙	믿고 의지할만한 가까운 사람이 없도다.
무 친 가 호	

1-18

晝夜慢惰	밤낮으로 게으르고 교만하며[14]
주 야 만 타	
老不止婬	늙어서도 음란한 욕심 그치지 아니하고
노 불 지 음	
有財不施	재물이 있어도 베풀지 아니하니
유 재 불 시	
不受佛言	부처님 말씀 받들지 아니하는
불 수 불 언	
有此四弊	이 네 가지 폐습 있을지면
유 자 사 폐	
爲自侵欺	스스로를 속이고 침해하게 되니라.
위 자 침 기	

---

14 만심慢心은 자신을 지나치게 믿고 자랑하며 남을 업신여기는 마음으로 불교에서
   이를 번뇌의 근본이라 한다.

1-19

非空非海中
비공비해중
허공도 아니고 바다 속도 아니며

非入山石間
비입산석간
산 속 바위틈에도 들어있지 아니하나니

無有地方所
무유지방소
이 땅 어디에도 있지 않도다.

脫之不受死
탈지불수사
이들에서 벗어나 죽음 받지 않을 곳은.

1-20

是務是吾作
시무시오작
이는 바로 내가 힘써 이루어야 하리나

當作令致是
당작영치시
마땅히 이에 이르도록 할지라도

人爲此躁擾
인위차조요
사람들은 이같이 어수선하게 서둘러 행하며

履踐老死憂
이천노사우
늙음과 죽음의 근심들을 밟고 다니노라.

1-21

知此能自淨
지차능자정
이를 알아 스스로 맑아질 수 있으면

如是見生盡
여시견생진
이와 같이 삶이 다함도 깨닫게 되리니

比丘厭魔兵
비구염마병
수행자 비구가 악마의 병사들을 누르면[15]

從生死得度 삶과 죽음으로부터 건너 깨달음에 이르니라.[16]
종 생 사 득 도

---

15 비구比丘는 출가한 남자로 250계를 받아 지키는 수행자이며 원래 걸식자를
    뜻했다.
    또한 힌두 신화에 나오는 죽음의 신을 마라魔羅라고 하며 수행자를 유혹하고
    수행을 방해하는 이들을 마군魔軍이라고도 하나 줄여서 마魔라고도 한다. 아울러
    마왕魔王/마구니魔仇尼는 어떤 형상을 가진 귀신이나 도깨비라기보다 우리 마음
    속에 일어나는 온갖 번뇌를 말하기도 한다.
16 득도得度는 불문에 들어가 생사의 고해를 건너 깨달음의 피안에 이름을 뜻한다.
    도度는 고대 인도어인 범어梵語 바라밀다paramita의 음역이며 바라밀이라고도
    한다. 곧 생사고해를 건너 이상향인 열반에 이르는 것으로 범어로는 '니르바다'이
    며 해탈의 경지에 이름을 뜻한다.

2

교학품教學品

教學品者　　교학품의 장에서는[17]
교 학 품 자

導以所行　　행할 바로 인도하리니
도 이 소 행

釋己愚闇　　어리석고 어두운 자신을 내놓아 밝히며
석 기 우 암

得見道明　　바른 도의 밝음을 보고 깨닫게 한다.[18]
득 견 도 명

---

17 교학품은 4언4행의 서두 외 총 29편이 구성되었다. 그중 제1편에서 제4편까지
그리고 제17편에서 제22편까지 10편은 5언4행이고 나머지 19편은 모두 4언4행으
로 구성되었다.

18 도道는 우주의 참 도리 또는 진리로 불성佛性이나 진여眞如와도 통한다. 나아가
득도得道는 큰 도를 깨닫는 것으로 제행무상諸行無常과 제법무아諸法無我의 진리
를 깨닫는 것이다.

2-1

咄哉何爲寐　　괴이하도다. 어찌 잠만 자는가.
돌 재 하 위 매

蝹螺蚌蠹類　　벌, 소라, 조개, 좀 같은 부류들이
옹 라 방 두 류

隱弊以不淨　　깨끗하지 못하여 덮어 숨기나니
은 폐 이 부 정

迷惑計爲身　　몸 위한 계책으로 생각을 흐리게 하도다.[19]
미 혹 계 위 신

2-2

焉有被斫創　　어찌하여 베이고 다치게 되는가.
언 유 피 작 창

心如嬰疾痛　　마음이 마치 병든 것같이 아플지나
심 여 영 질 통

遘于衆厄難　　온갖 어려운 재난에 부딪힐진대
구 우 중 액 난

而反爲用眠　　도리어 잠자기에 빠져 있도다.
이 반 위 용 면

19 미혹迷惑은 일반적으로 마음이 어둡고 흐려져 무엇에 홀리거나 정신이 헷갈려
　　헤맨다는 뜻이다. 곧 사리에 어긋난 것을 미迷 그리고 사리에 밝지 못한 것을
　　혹惑이라 하여 중생들의 어리석은 생각을 뜻한다.

2-3

思而不放逸　생각하고 제멋대로 행하지 아니하니[20]
사 이 불 방 일

爲仁學仁迹　어진 이 되기 위해 어진 자취 배우면[21]
위 인 학 인 적

從是無有憂　이에 따라 근심 있지 아니할지니
종 시 무 유 우

常念自滅意　항상 스스로 생각하며 마음을 다할지어다.
상 념 자 멸 의

2-4

正見學務增　바르게 관찰하며 더욱 힘써 배우면[22]
정 견 학 무 증

是爲世間明　바로 세상의 진리를 깨닫게 되리니[23]
시 위 세 간 명

---

20 사思는 범어 cetana의 번역으로 심소心所 즉 마음의 작용을 가리키며 의지意志와
  같은 말이다.
  또한 일반적으로 마음대로 거리낌 없이 논다는 뜻의 '방일放逸'은 자제함이 없이
  온갖 욕망에 이끌려 가는 것을 뜻한다. 수행을 게을리 하는 것을 큰 허물로
  여기는 불교에서 불방일不放逸 즉 모든 나쁜 일을 버리고 마음을 한 곳에 집중하여
  착한 일을 닦는 정신 작용을 높이 보고 있다. 이와 비교되는 무일無逸은 편안하게
  놀고 있지 않음 또는 안일에 흐르지 않음을 뜻해 차이는 있으나 비슷하게 쓰인다.

21 인仁은 공자가 주장한 유교儒敎 도덕의 근본이념이며 인, 의, 예, 지, 신 중의
  하나로 모든 덕의 기초가 된다. 또한 사람됨의 근본을 뜻하는 인仁은 인人과
  같이 쓰이기도 한다.

22 정견正見은 바른 견해 즉 사성제四聖諦의 도리를 바르게 관찰하는 것으로 팔정도八
  正道의 첫째 덕목이며 깨달음과 열반에 이르기 위한 시작이다.

所生福千倍　생기는 바 복덕은 천 배가 되고
소생복천배

終不墮惡道　마침내 악한 길에 떨어지지 않으리라.[24]
종불타악도

2-5

莫學小道　바르지 않은 도는 배우지 말지니
막학소도

以信邪見　그릇된 견해를 믿기 때문이며
이신사견

莫習放蕩　방탕함도 익히지 말지니
막습방탕

令增欲意　탐욕스러운 뜻이 더해지기 때문이다.
영증욕의

2-6

善修法行　바른 법을 착하게 닦아 행하며[25]
선수법행

學誦莫犯　배우고 외우며 어기지 말지니
학송막범

---

23 명명明明은 범어 vidya의 번역으로 어리석음의 어둠을 깨고 진리를 깨닫는 성스러운
지혜를 말한다.

24 악도惡道는 현세에서 악한 일을 한 결과 다시 태어나는 곳으로 지옥, 아귀,
축생, 수라도 같은 곳이다. 이때 도道는 이러한 곳에 이르는 길이나 세계를
뜻하기도 한다.

25 선善은 소승에서는 결과적으로 편안하고 즐거운 낙보樂報를 받을 만한 것을
뜻하고 대승에서는 현재와 미래에 걸쳐 자기와 남을 이롭게 하는 것을 뜻한다.
아울러 선법善法은 오계, 십선, 삼학, 육도의 가르침을 말한다.

行道無憂
행도무우
바른 도를 행하면 근심이 없고

世世常安
세세상안
대대로 항상 편안하도다.

2-7

慜學攝身
민학섭신
슬기롭게 배우고 몸 단정히 하며

常愼思言
상신사언
생각과 말을 항상 삼가노라면

是到不死
시도불사
이에 죽지 아니함에 이르리니[26]

行滅得安
행멸득안
행함이 다하여 편안함을 얻도다.

2-8

非務勿學
비무물학
힘쓰지 아니하면 배우지 말지니

是務宜行
시무의행
이에 힘쓰며 마땅히 행하노라면

已知可念
이지가념
이미 생각할 수 있음을 알거든

則漏得滅
즉루득멸
곧 번뇌가 다함도 깨달으리라.[27]

---

26 불사不死는 열반에 이르는 길임을 뜻하며 대승大乘적으로 깨우침, 생사불이生死不
二, 대비심大悲心에 의해 가능해진다.

27 누漏는 흐르다 또는 샌다는 뜻으로 번뇌의 다른 이름이다. 한편 번뇌로 인해

2-9

見法利身 견 법 이 신	바른 법 보고 몸을 이롭게 하면[28]
夫到善方 부 도 선 방	대개 좋은 방도에 이르나니
知利健行 지 리 건 행	이로움 알고 굳세게 행하면
是謂賢明 시 위 현 명	이를 어질고 사리에 밝다 이른다.

2-10

起覺義者 기 각 의 자	도리 깨우치고 일어난 이는
學滅以固 학 멸 이 고	다함을 배우고 견고해지나
著滅自恣 착 멸 자 자	집착함이 다했다고 스스로 방자하면
損而不興 손 이 불 흥	덜어 없애도 일으키지 못하니라.

항상 더러운 것이 흘러내린다는 뜻에 비해 번뇌가 다하여 없다는 누진漏盡은 해탈의 경지에 다다랐음을 뜻한다.

28 법法은 삼보三寶(불佛, 법法, 승僧) 중 하나이며 이는 사물의 진실한 모습인 존재, 존재의 법칙인 이법, 이법을 깨달은 부처님의 가르침인 교법이 있다.

2-11

是向以强 시 향 이 강	이를 향해 굳세어지고
是學得中 시 학 득 중	이를 배워 중도를 얻으며[29]
從是解義 종 시 해 의	이에 따라 도리를 깨우치나니
宜憶念行 의 억 념 행	마땅히 기억하고 생각하며 행할지어다.

2-12

學先斷母 학 선 단 모	배움에 앞서 어머니를 끊고[30]
率君二臣 솔 군 이 신	임금이 양쪽에 신하를 거느리며
廢諸營從 폐 제 영 종	다스리던 여러 종자들을 떼어버리면
是上道人 시 상 도 인	이는 최상의 도인이로다.

---

29 중도中道는 유와 무의 양 극단을 떠난 비유비공非有非空의 중도를 뜻해서 무자성無
自性 혹은 불이법不二法과 통한다. 곧 불이법문不二法門은 나와 남이라는 구별보다
이에 대한 집착을 떠나 절대 평등의 경지에 드는 것으로 분별이 없어 불이不二이며
진여眞如이니 침묵만 있을 뿐이다.

30 이기석(1983년)은 가족과의 세속적 인연 끊음을 유추했고 이종기(1988)본은 삼근
인 탐, 진, 치를 유추했으며 또한 선정과 지혜를 거느리고 이들을 물리친다
했다. 이에 비해 이동형(2017년)은 죄의 근원인 어리석은 마음의 근원을 뜻하며
두 신하도 선악을 뜻한다고 보았다.

2-13

學無朋類 학 무 붕 류	배움에 같은 부류의 벗이 없어
不得善友 부 득 선 우	좋은 친구를 얻지 못하더라도[31]
寧獨守善 영 독 수 선	차라리 홀로 착함을 지킬지언정
不與愚偕 불 여 우 해	어리석은 이와는 함께 벗하지 말지니라.

2-14

樂戒學行 낙 계 학 행	계율을 즐겨 닦으며 행함을 배우니
奚用伴爲 해 용 반 위	어찌 친구를 필요로 하겠는가.
獨善無憂 독 선 무 우	혼자라도 착하면 근심이 없도다.
如空野象 여 공 야 상	마치 빈 들판에 선 코끼리와 같이.

---

31 선우善友는 선지식善知識 또는 승우勝友라고 하며 부처님의 정도正道를 가르쳐 좋은 이익을 얻게 하는 스승이나 친구 또는 자신과 함께 선행을 하는 사람을 가리킨다.

2-15

戒聞俱善
계 문 구 선
계율 행하기와 듣기는 모두 좋으나

二者孰賢
이 자 숙 현
두 가지 중 어느 것이 낫겠는가.

方戒稱聞
방 계 칭 문
바야흐로 계율 행하기는 듣기라 일컫나니

宜諦學行
의 체 학 행
마땅히 살피어 배우고 행할지어다.

2-16

學先護戒
학 선 호 계
배움은 먼저 계율을 지키고

開閉必固
개 폐 필 고
열고 닫음을 반드시 굳게 하나니

施而無受
시 이 무 수
베풀고 받지 아니할 것을

仍行勿臥
늑 행 물 와
쉬지 말고 부지런히 행할지어다.

2-17

若人壽百歲
약 인 수 백 세
만약 사람이 백년을 산다 해도

邪學志不善
사 학 지 불 선
그릇된 도를 배워 뜻이 착하지 못하면

不如生一日
불 여 생 일 일
이는 마치 하루를 산다 해도

精進受正法　정진하며 바른 법 받는 것만 같지 못하도다.[32]
정진 수 정 법

2-18

若人壽百歲　만약 사람이 백년을 산다 해도
약 인 수 백 세

奉火修異術　불을 받드는 다른 방술을 닦는다면
봉 화 수 이 술

不如須臾頃　이는 마치 잠깐 동안이라 해도
불 여 수 여 경

事戒者福稱　계율 섬기는 이가 복덕 일컫는 것만 못하노라.[33]
사 계 자 복 칭

2-19

能行說之可　행할 수 있는 것은 할 수 있다 말하고
능 행 설 지 가

不能勿空語　할 수 없는 것은 빈말하지 말지니
불 능 물 공 어

虛偽無誠信　허황하고 거짓되어 참된 믿음이 없으면
허 위 무 성 신

智者所屏棄　지혜로운 이는 그것들을 물리쳐 버린다.
지 자 소 병 기

---

32 정법正法은 부처님의 올바른 가르침이며 또한 정진精進은 속된 생각을 버리고
  선행을 닦아 오직 불도에 열중하는 것을 뜻한다.
33 복福은 복덕福德이라고도 하며 선행에 대한 과보로 받는 복리를 뜻한다. 곧
  복덕을 지어 이를 기리고 칭찬하게 된 것을 뜻한다.

2-20

學當先求解　배움은 먼저 마땅히 깨달음을 찾아 구하고
학 당 선 구 해

觀察別是非　주의 깊게 살펴 옳고 그름을 분별하나니
관 찰 별 시 비

受諦應誨彼　진리를 얻으면 응당 저들을 가르칠진대[34]
수 제 응 회 피

慧然不復惑　슬기로운 모습으로 다시는 미혹되지 말지어다.
혜 연 불 복 혹

2-21

被髮學邪道　머리 풀어 헤치고 바르지 아니한 도 배우면
피 발 학 사 도

草衣內貪濁　세속 떠나도 마음이 욕심으로 흐리나니[35]
초 의 내 탐 탁

矇矇不識眞　눈 어두워 참된 이치 알지 못하나라.
몽 몽 불 식 진

如聾聽五音　마치 귀 어두운 이 오음 듣는 것과 같이.[36]
여 농 청 오 음

---

34 제諦는 한자대전에 '체'라고 표기되었다. 그러나 여기서는 '제'로 읽으며 진실한
　도리 또는 불변의 진리를 뜻한다.

35 초의草衣는 세속 떠나 숨어 사는 이의 의복으로 은자隱者를 뜻하기도 한다.

36 오음五音은 궁宮, 상商, 각角, 치徵, 우羽이다.

2-22

學能捨三惡　　배우고 세 가지 악함을 버릴 수 있으면[37]
학 능 사 삼 악

以藥消衆毒　　약으로 온갖 병독 없애는 것이나니
이 약 소 중 독

健夫度生死　　건장한 사내되어 삶과 죽음을 건너리라.
건 부 도 생 사

如蛇脫故皮　　마치 뱀이 허물을 벗는 것과 같이.
여 사 탈 고 피

2-23

學而多聞　　배우고 많이 들으면
학 이 다 문

持戒不失　　계율을 지켜 잃지 아니하리니[38]
지 계 불 실

兩世見譽　　이승과 저승 두 세상에서 기리게 되고
양 세 견 예

所願者得　　원하는 바를 얻으리라.
소 원 자 득

---

37 삼악도三惡道는 죄에 따라 갈 지옥, 아귀, 축생의 세계 혹은 탐貪(욕심), 진瞋(성냄),
　　치痴(어리석음)를 말하기도 한다.

38 계율은 불자가 널리 지켜야 할 생활 규범으로 스스로 지키는 자기 자신과의
　　약속이다. 계戒는 삼학(계, 정, 혜)의 하나이며 또한 율律은 부처님께서 정한
　　불교의 금계禁戒, 조복調伏(몸;身, 입;口. 뜻;意 등 삼업을 다스려 악행을 없애는
　　것) 등이 있다.

2-24

學而寡聞　　배우고도 들은 것이 적으면
학 이 과 문

持戒不完　　계율을 지켜도 완전하지 못하리니
지 계 불 완

兩世受痛　　이승과 저승 두 세상에서 고통받고
양 세 수 통

喪基本願　　그 본래의 원함도 잃으리라.
상 기 본 원

2-25

夫學有二　　대개 배움에는 두 가지가 있으니
부 학 유 이

常親多聞　　항상 많이 듣기를 좋아하고
상 친 다 문

安諦解義　　편안히 진리의 바른 뜻을 풀어 밝히면
안 제 해 의

雖困不邪　　비록 괴로워도 도리에 어긋나지 않는다.
수 곤 불 사

2-26

稊稗害禾　　피와 잡초가 벼를 해치듯이
제 패 해 화

多欲妨學　　많은 욕심은 배움을 방해하나니
다 욕 방 학

耘除衆惡　　온갖 악함을 김매듯이 없애면
운 제 중 악

成收必多 성 수 필 다	반드시 많은 수확을 이루리라.

2-27

慮而後言 여 이 후 언	생각한 이후에 말하고
辭不强梁 사 불 강 량	말씀은 억세고 세차지 아니해야 하리니
法說義說 법 설 의 설	법 풀어 밝히고 이치도 풀어 밝히거든
言而莫違 언 이 막 위	말하고 어기지 말지니라.

2-28

善學無犯 선 학 무 범	바르게 배우고 어기지 아니하면
畏法曉忌 외 법 효 기	바른 법 두려워하며 꺼릴 것을 깨닫나니
見微知者 견 미 지 자	미묘함을 바로 보고 아는 이는[39]
誠無後患 계 무 후 환	진실로 후일의 근심이 없도다.

---

39 생각과 언설을 초월한 부처님의 가르침은 그 이치가 그윽하고 깊어서 미묘법微妙法
이라고도 한다.

遠捨罪福   죄와 복덕을 멀리 버리고
원사죄복

務成梵行   청정한 행함을 힘써 이루며[40]
무성범행

終身自攝   몸 마칠 때까지 스스로 가다듬어 지키면[41]
종신자섭

是名善學   이를 좋은 배움이라 일컫는다.
시명선학

---

[40] 범행梵行의 범은 청정淸淨을 뜻해서 정행이라고도 하며 불도의 맑고 깨끗한
행실을 뜻한다.

[41] 섭심攝心은 마음을 하나의 대상에 모아 흩어지지 않게 하는 것을 말한다.

3

다문품多聞品

多聞品者
다 문 품 자

다문품의 장에서는[42]

亦勸聞學
역 권 문 학

많이 듣고 배우기를 또한 권하니

積聞成聖
적 문 성 성

많이 듣고 쌓이어 성스러운 도를 이루면[43]

自致正覺
자 치 정 각

스스로 바른 깨달음에 이른다 한다.[44]

---

42 다문품은 4언4행의 서두 외 총 19편이 모두 5언4행으로 구성되었다.

43 성자聖者는 무심無心, 무욕無欲, 무아無我의 경지에 이른 수행자를 말한다.

44 정각正覺은 청정한 본래 마음의 바른 깨달음을 뜻한다.

3-1

多聞能持固　많이 들어 능히 견고하게 지니고[45]
다 문 능 지 고

奉法爲垣墻　바른 법 받들어 담과 울타리로 삼을지니
봉 법 위 원 장

精進難踰毀　넘고 허물기 어렵도록 힘써 닦아 나아가면
정 진 난 유 훼

從是戒慧成　이에 따라 계율과 지혜로움이 이루어진다.
종 시 계 혜 성

3-2

多聞令志明　많이 들으면 뜻이 밝아지게 되고
다 문 영 지 명

已明智慧增　이미 밝아지면 지혜도 더해지거늘
이 명 지 혜 증

智則博解義　지혜로우면 이치를 널리 풀어 밝히리니
지 즉 박 해 의

見義行法安　그 이치 깨달으면 바른 법 행하기가 편안하도다.
견 의 행 법 안

---

45 다문多聞은 말과 글로 설법을 듣는 것을 말하며 또한 가르침을 많이 받는 것도
　뜻한다.

3-3

多聞能除憂　많이 들으면 근심을 없앨 수 있고
다 문 능 제 우

能以定爲歡　선정으로 기쁨을 삼을 수 있으리니[46]
능 이 정 위 환

善說甘露法　감로법 바르게 풀어 밝히면[47]
선 설 감 로 법

自致得泥洹　스스로 열반에 이를 수 있으리라.
자 치 득 니 원

3-4

聞爲知法律　듣고 배워 바른 법과 계율을 알게 되고
문 위 지 법 률

解義亦見正　뜻 풀어 밝히면 또한 바르게 깨달을지니[48]
해 의 역 견 정

從聞捨非法　많이 듣고 배움에 따라 바른 법 아닌 것들 버리면
종 문 사 비 법

行到不死處　나아가 죽음 없는 곳에 이르리라.
행 도 불 사 처

46 정정定定은 선정禪定의 줄인 말로 마음을 가다듬고 정신을 통일하여 번뇌를 끊고
　　진리를 깊이 생각하며 마음을 안락 자재한 경계에 머물게 하는 수행이다.
47 감로법甘露法은 생명수 같은 부처님의 가르침으로 불법이 중생의 몸과 마음에
　　단 이슬 같은 영약이 된다는 뜻에서 나온 부처님의 교법을 말한다.
48 정견正見은 팔정도八正道의 첫째 덕목으로 집착과 분별심을 일으키지 않을 바른
　　견해를 뜻한다.

3-5

能爲師現道　능히 스승이 되어 바른 도 나타내고
능위사현도

解疑令學明　의혹을 풀어 밝혀 배움을 밝게 하며
해의령학명

亦興淸淨本　또한 맑고 깨끗한 근본을 일으키면[49]
역흥청정본

能奉持法藏　능히 법장을 받들어 지닐지어다.[50]
능봉지법장

3-6

能攝爲解義　능히 흩어진 마음 모아 뜻을 풀어 밝히고
능섭위해의

解則義不穿　풀어 밝히면 그 행할 도리 빈틈없으리니
해즉의불천

受法猗法者　바른 법 받아 그 법을 의지한 이는
수법의법자

從是疾得安　이에 따라 빠르게 편안할 수 있도다.
종시질득안

---

49 청정淸淨은 나쁜 행위로 인한 허물이나 번뇌의 오욕에서 벗어난 깨끗함과 맑음으
　로 청정심은 망념에서 벗어난 맑은 마음을 뜻한다.

50 장藏은 범어 pitaka의 번역으로 용기容器 또는 저축 또는 포함한다는 뜻으로
　부처님 설법을 모은 경장經藏, 부처님 교설을 바탕으로 그 뜻을 서술한 논장論藏,
　제정된 계율을 모은 율장律藏 등 삼장이 있다.

3-7

若多小有聞　만약 듣고 배운 것이 조금 있다 하여
약 다 소 유 문

自大以憍人　스스로 큰 사람인 듯 남에게 자랑하면
자 대 이 교 인

是如盲執燭　이는 마치 눈먼 이가 등불 든 것과 같나니
시 여 맹 집 촉

炤彼不自明　남은 밝혀도 스스로는 밝지 못하도다.
소 피 부 자 명

3-8

夫求爵位財　대개 벼슬과 지위와 재물을 구하니
부 구 작 위 재

尊貴昇天福　높고 귀하기가 하늘에서 내린 복덕에 오르고
존 귀 승 천 복

辯慧世間悍　분별하는 지혜로움이 세상에 드날리더라도
변 혜 세 간 한

斯聞爲第一　이를 듣고 배우는 것이 첫째이로다.
사 문 위 제 일

3-9

帝王聘禮聞　제왕도 예를 갖추어 듣고
제 왕 빙 예 문

天上天亦然　하늘 위의 천제 또한 그러하리니
천 상 천 역 연

聞爲第一藏　많이 들어 제일가는 법장이 될지면[51]
문 위 제 일 장

最富旅力强 가장 풍요롭거니와 그 모아진 힘도 세다.
최 부 여 력 강

3-10

智者爲聞屈 지혜로운 이는 듣고 배워서 굽히게 되고
지 자 위 문 굴

好道者亦樂 바른 도 좋아하는 이 또한 즐거워하나니
호 도 자 역 락

王者盡心事 왕된 이라도 마음을 다해 섬기거늘
왕 자 진 심 사

雖釋梵亦然 비록 제석과 범천이라도 또한 그러하리라.[52]
수 석 범 역 연

3-11

仙人常敬聞 신선도 항상 공경하며 듣거든[53]
선 인 상 경 문

況貴巨富人 하물며 존귀하고 큰 부자라도 당연하나니
황 귀 거 부 인

是以慧爲貴 이로 인해 지혜로움을 귀하게 여길진대
시 이 혜 위 귀

51 장藏은 여러 법장을 뜻하는 외에 경전을 유별하여 수장한다는 뜻도 있다.
52 제석帝釋은 제석천帝釋天으로 불법을 지키는 신이며 수미산 정상에 있는 도리천忉
利天의 왕이다. 또한 범천梵天은 바라문교에서는 우주 만물의 창조신이나 불교에
서는 제석천과 함께 불법의 수호신으로 범천왕이라고 한다.
53 선인仙人은 세간을 떠나 산수 좋은 곳에 살며 신통력도 있어서 신선神仙이라고도
불린다.

可禮無過是　예배할 만한 것으로 이보다 더한 것이 없도다.
가 례 무 과 시

3-12

事日爲明故　해를 섬김은 밝음 때문이고
사 일 위 명 고

事父爲恩故　부모를 섬김은 은혜로움 때문이며
사 부 위 은 고

事君爲力故　임금을 섬김은 권력 때문이나
사 군 위 력 고

聞故事道人　듣고 깨닫기 때문에 도인을 섬기노라.
문 고 사 도 인

3-13

人爲命事醫　사람들은 목숨을 위해 의사를 섬기고
인 위 명 사 의

欲勝依豪强　이기기를 바라고 강한 세력가에 의지하나
욕 승 의 호 강

法在智慧處　바른 법은 지혜로운 곳에 있나니
법 재 지 혜 처

福行世世明　복덕을 행하면 대대로 밝아지리라.
복 행 세 세 명

3-14

察友在爲謀　벗을 살핌은 일을 도모함에 있고
찰 우 재 위 모

別伴在急時　친구와 헤어짐은 위급한 때에 있으며
별 반 재 급 시

觀妻在房樂　아내를 살핌은 사랑하는 즐거움에 있으나
관 처 재 방 락

欲知智在說　지혜로움 알고자 하면 부처님 가르침에 있도다.[54]
욕 지 지 재 설

3-15

聞爲今世利　듣고 배움은 현세가 이롭게 되고
문 위 금 세 리

妻子昆弟友　처자와 형제와 벗들은
처 자 곤 제 우

亦致後世福　또한 후세의 복덕도 불러올지나
역 치 후 세 복

積聞成聖智　듣고 배움이 쌓이면 성스러운 지혜 이루리라.
적 문 성 성 지

---

54 설법說法은 부처님 가르침인 불법佛法을 풀어 밝히는 것으로 이는 크게 두 가지로
　나뉜다. 그 하나는 수행을 통해 번뇌를 없애고 지혜를 계발하는 것이며 다른
　하나는 타인의 이익과 행복을 위해 자비를 베푸는 것이다.

3-16

是能散憂恚　이는 근심과 성냄을 흩어버릴 수 있고
시 능 산 우 에

亦除不祥衰　또한 상서롭지 못함은 쇠하여 없어지리니
역 제 불 상 쇠

欲得安穩吉　조용하고 평온하게 좋은 일 얻고자 하면
욕 득 안 온 길

當事多聞者　마땅히 많이 듣고 깨달은 이 섬길지어다.
당 사 다 문 자

3-17

斫創無過憂　칼날에 베임도 근심보다 더하지 않고
작 창 무 과 우

射箭無過愚　화살에 쏘임도 어리석음보다 더하지 않나니
사 전 무 과 우

是壯莫能拔　이들이 굳세어 뽑아낼 수 없을지라도
시 장 막 능 발

唯從多聞除　오로지 많이 듣고 배움에 따르면 없어지노라.
유 종 다 문 제

3-18

盲從是得眼　눈먼 이가 이를 따라 밝은 눈 얻고
맹 종 시 득 안

闇者從得燭　어리석은 이는 이를 따라 등불을 얻나니
암 자 종 득 촉

亦導世間人　또한 세상 사람들을 인도하리라.
역 도 세 간 인

如目將無目　마치 눈뜬 이가 눈먼 이 이끌듯이.
여목장무목

3-19

是故可捨癡　이러한 이유로 어리석음 버릴 수 있으니
시고가사치

離慢豪富樂　권세 부리는 교만함과 재물 많은 즐거움을 떠나
이만호부락

務學事聞者　배움에 힘쓰며 많이 듣고 깨달은 이 섬기노라면
무학사문자

是名積聚德　이를 복덕 쌓아 모은다 일컫는다.
시명적취덕

4

독신품篤信品

篤信品者
독 신 품 자
독신품의 장에서는

立道之根果
입 도 지 근 과
바른 도 세운 근본과 결과들이니[55]

於因正見
어 인 정 견
인연에 의하여 바르게 보고 알면[56]

行不回顧
행 불 회 고
행하고 되돌아보지 않는다 한다.[57]

---

[55] 근根은 이른바 안眼, 이耳, 비鼻, 설舌, 신身, 의意의 6근을 가리킨다. 또한 과果는 인연소생법 즉 어떤 인연으로 생긴 결과들이다.

[56] 정견正見은 팔정도의 첫째 덕목으로 인연법에 따라 제행무상과 제법무아를 깨달아 공空의 이치를 아는 것이다.

[57] 독신품은 우선 1, 3, 4행이 4언 그리고 2행이 5언으로 서술된 서두 외 총 18편으로 구성되었다. 그중 제1편에서 제3편까지 3편은 5언4행이고 나머지 15편은 모두 4언4행으로 구성되었다.

4-1

信慙戒意財　믿음과 부끄러움과 계율은 마음의 보배이니
신 참 계 의 재

是法雅士譽　이는 바른 법 닦는 바른 이들이 기리거늘
시 법 아 사 예

斯道明智說　이 바른 도를 지혜로운 이가 풀어 밝히면
사 도 명 지 설

如是昇天世　이와 같이 천상에 오를지어다.[58]
여 시 승 천 세

4-2

愚不修天行　어리석은 이는 본성과 같은 행함을 닦지 않고
우 불 수 천 행

亦不譽布施　또한 베풀기를 즐기지 아니하나
역 불 예 보 시

信施助善者　믿고 보시하며 돕는 착한 이는
신 시 조 선 자

從是到彼安　이에 따라 저 안락한 곳에 이르리라.[59]
종 시 도 피 안

---

58 천天은 상제 곧 천신의 뜻 외에 인간 세상보다 훨씬 나은 과보를 받는 좋은
　곳을 뜻한다.

59 피도안彼到岸은 수행을 통해 생사의 바다 건너 열반에 이르는 것으로 마음에
　따라 고해苦海의 언덕이 될 수도 있고 번뇌를 해탈하여 깨우침의 언덕이 될
　수도 있다.

4-3

信者眞人長　믿는 이는 진실로 덕 있는 웃사람이니[60]
신자진인장

念法所住安　바른 법 생각하며 기거하는 곳 편안하거늘
염법소주안

近者意得上　가까이 하는 이들이 뜻 높아지더라도
근자의득상

智壽壽中賢　지혜의 수명 긴 것이 그중 낫도다.
지수수중현

4-4

信能得道　믿음은 바른 도 얻을 수 있고
신능득도

法致滅度　바른 법은 열반에 이르리니[61]
법치멸도

從聞得智　듣고 배움에 따라 지혜로움 얻으면
종문득지

所到有明　이르는 곳마다 밝음이 있도다.
소도유명

---

60 장자長者는 학덕이 높고 불교에 든 지 오래 되어 대중의 존경을 받는 이 혹은 나이 많은 스님에 대한 존칭이기도 하다.

61 멸도滅度는 열반의 다른 표현으로 윤회의 종식과 함께 고통에서 벗어나니 곧 나고 죽는 번뇌의 바다를 건넜다는 뜻이다.

4-5

信能度淵 신 능 도 연	믿음은 깊은 연못 건널 수 있으니
攝爲船師 섭 위 선 사	모아진 마음을 뱃사공 삼아[62]
精進除苦 정 진 제 고	힘써 닦아 나아가며 괴로움 없애면
慧到彼岸 혜 도 피 안	그 지혜로움으로 저 언덕에 이르리라.

4-6

士有信行 사 유 신 행	사람들이 믿음과 행함이 있으면
爲聖所譽 위 성 소 예	성스러운 인물로 기리는 바 되리니
樂無爲者 낙 무 위 자	자신의 본래 면목을 즐기는 이는[63]
一切博解 일 체 박 해	모든 속박에서 벗어나리라.

---

62 섭심攝心은 마음을 하나의 대상에 모아 흩어지지 않게 하는 것이다.

63 무위無爲는 본래 도가의 핵심 사상이나 조작에 의한 번뇌나 집착 외에 생멸 또는 변화 등을 떠난 모든 현상의 실체로 열반, 법성, 진여와 같은 말이다. 곧 자신의 본래 면목인 자성을 깨닫는 것이다.

4-7

信之與戒 신 지 여 계	믿음이 계율과 더불어
慧意能行 혜 의 능 행	지혜로운 마음으로 행할 수 있으면
健夫度恚 건 부 도 에	건장한 사내도 성냄을 헤아릴지니
從是脫淵 종 시 탈 연	이에 따라 깊은 못에서 벗어나리라.

4-8

信使戒誠 신 사 계 성	믿음은 계율을 진실되게 하고
亦受智慧 역 수 지 혜	또한 지혜로움을 얻으며[64]
在在能行 재 재 능 행	있는 곳마다 행할 수 있으리니
處處見養 처 처 견 양	곳곳에서 양성될지어다.

---

64 지혜智慧는 육바라밀六波羅密(육도六度라고도 하며 보시, 지계, 인욕, 정진, 선정, 지혜 등 저 언덕에 이르는 여섯 가지 공덕을 말함)의 하나로 제법의 이치에 통달한 위없는 마음 작용이다. 곧 상대적인 주관과 객관을 초월하여 실상을 바로 비추어 보는 인연법에 대한 깨달음이다.

4-9

| 比方世利
비방세리 | 바야흐로 세상의 이로움에 비해 |

| 慧信爲明
혜신위명 | 지혜로움과 믿음은 어리석음 밝히게 되거늘 |

| 是財上寶
시재상보 | 이는 재물 중 최상의 보배이나 |

| 家産非常
가산비상 | 집의 재산은 항상 있는 것이 아니니라. |

4-10

| 欲見諸眞
욕견제진 | 모든 진실을 깨닫고자 |

| 樂聽講法
낙청강법 | 바른 법 밝히는 논함을 즐겨 듣나니 |

| 能捨慳垢
능사간구 | 인색함과 세속 때를 버릴 수 있으면 |

| 此之爲信
차지위신 | 이를 믿음이라 하노라. |

4-11

| 信能度河
신능도하 | 믿음은 능히 강을 건너리니 |

| 其福難奪
기복난탈 | 그 복덕은 빼앗기가 어렵고 |

| 能禁止盜
능금지도 | 금하여 훔쳐가질 수도 없으리니 |

野沙門樂 야 사 문 락	들에서 수행하는 사문들의 즐거움이로다.[65]

4-12

無信不習 무 신 불 습	믿음이 없어 익히지 못하고
好剝正言 호 박 정 언	바른 말 헐뜯기를 좋아하나니
如拙取水 여 졸 취 수	마치 어리석은 이가 물 찾으며
掘泉揚泥 굴 천 양 니	샘 팠으나 진흙 퍼 올린 것과 같도다.

4-13

賢夫習智 현 부 습 지	현명한 사내가 지혜를 익히고
樂仰清流 낙 앙 청 류	맑은 물 같은 이 우러러보기를 좋아하나니
如善取水 여 선 취 수	마치 착한 이가 물 찾는 것과 같이
思令不擾 사 령 불 요	생각이 번거롭게 되지 아니하도다.

---

65 사문沙門은 원래 '부지런히 노력하는 사람'을 뜻해서 처자를 버리고 수도 생활하는
일반인까지 총칭했으나 후에 불문佛門에 출가해 도를 닦는 승려들을 뜻하게
되었다.

4-14

信不染他　믿음은 다른 것에 물들지 아니하고
신불염타

唯賢與人　오직 사람들을 어질고 밝게 하나니
유현여인

可好則學　좋아할 만하면 배우고
가호즉학

非好則遠　좋지 아니하면 멀리할지어다.
비호즉원

4-15

信爲我轝　믿음을 내 수레 삼아도
신위아여

莫知斯載　이를 운행하는 것을 알지 못하거든
막지사재

如大象調　마치 큰 코끼리를 길들이듯이
여대상조

自調最勝　스스로 조련하는 것이 가장 좋으니라.
자조최승

4-16

信財戒財　믿음이 재물이고 계율도 재물이며
신재계재

慚愧亦財　부끄러워함과 창피함 또한 재물이고
참괴역재

聞財施財　듣고 배움도 재물이며 베풂도 재물이니
문재시재

慧爲七財
혜 위 칠 재
지혜까지 모두 일곱 가지 재물이라 한다.[66]

4-17

從信守戒
종 신 수 계
믿음에 따라 계율을 지키고

常淨觀法
상 정 관 법
항상 깨끗한 마음으로 바른 법 살피니

慧而利行
혜 이 이 행
지혜롭고 이롭게 행하며

奉敬不忘
봉 경 불 망
받들고 공경하기를 잊지 말지니라.

4-18

生有此財
생 유 차 재
태어나 이러한 재물들 있으니

不問男女
불 문 남 녀
남과 녀 가릴 것 없이

終以不貧
종 이 불 빈
마침내 가난하지 아니할지나

賢者識眞
현 자 식 진
어질어 밝은 이는 그 참됨을 알지어다.

---

66 이른 바 칠재보七財寶라 일컫는 일곱 가지 보배로운 재물들이다.

5

계신품誡愼品

誠愼品者 계신품자	계신품의 장에서는
授與善道 수여선도	착한 도리를 가르쳐 주니
禁制邪非 금제사비	악하고 그릇됨을 금하고 단속하여
後無所悔也 후무소회야	뒷날 잘못을 한탄하는 일이 없다.[67]

---

67 계신품은 우선 4언으로 된 1, 2, 3행과 5언인 4행으로 구성된 서두 외에 총
   16편이 모두 4언4행으로 구성되었다.

人而常清 인 이 상 청	사람이 항상 청정하여
奉律至終 봉 률 지 종	끝까지 계율을 받들며
淨修善行 정 수 선 행	착한 행함을 깨끗하게 닦노라면
如是戒成 여 시 계 성	이와 같은 계율을 이루리라.

5-2

慧人護戒 혜 인 호 계	지혜로운 사람들이 계율을 지키면
福致三寶 복 치 삼 보	복덕이 삼보에 이르리니[68]
名聞得利 명 문 득 리	이름을 널리 알리고 이로움 얻을지면
後上天樂 후 상 천 락	뒷날 천상에 오르는 즐거움 있을지어다.

---

[68] 삼보三寶는 불佛(진리 깨달은 부처), 법法(불타가 설한 교법), 승僧(교법 따라 수행하는 승려)을 가리킨다.

5-3

常見法處
상견법처
항상 바른 법 있는 곳 보고

護戒爲明
호계위명
계율을 보호하며 밝음을 행하면

得成眞見
득성진견
참됨을 이루어 깨달을 수 있으리니

輩中吉祥
배중길상
무리 중 경사롭고 복 있으리라.

5-4

持戒者安
지계자안
계율 지키는 이는 편안하리니

令身無惱
영신무뇌
몸소 번뇌를 없애게 되면

夜臥恬淡
야와염담
밤에 누워도 욕심 없이 편안하고

寤卽常歡
오즉상환
깨어나도 항상 기쁘고 즐겁도다.

5-5

修戒布施
수계보시
계율을 닦고 남에게 베풀면

作福爲福
작복위복
지은 복덕이 복덕을 만드나니

從是適彼
종시적피
이에 따라 저 언덕으로 가노라면

常到安處
상 도 안 처
항상 편안한 곳에 이르리라.

5-6

何終爲善
하 종 위 선
무엇이 마침내 착함이 되고

何善安止
하 선 안 지
어떠한 착함이 편안히 머물게 되며

何爲人寶
하 위 인 보
무엇을 사람들의 보배로 삼아야

何盜不取
하 도 불 취
어떠한 도적도 이를 빼앗지 못하겠는가.

5-7

戒終老安
계 종 노 안
계율은 마침내 늙도록 편안하리니

戒善安止
계 선 안 지
계율이 바르면 편안히 머물게 되거늘[69]

慧爲人寶
혜 위 인 보
지혜로움을 사람들의 보배로 삼으면

福盜不取
복 도 불 취
그 복덕은 도적들도 빼앗지 못하노라.

---

69 선善은 결과적으로 선업善業에 편안하고 즐거운 과보를 받을 만함을 뜻하며
나아가 현재와 미래에 걸쳐 자신과 남을 이롭게 하는 것을 말한다.

5-8

比丘立戒 비구입계	수행자 비구는 계율을 세우고
守攝諸根 수섭제근	모든 뿌리를 지키며 거두나니[70]
食知自節 식지자절	먹는 것을 스스로 절제할 줄 알면
悟意令應 오의영응	마음이 깨달아 응하게 되노라.

5-9

以戒降心 이계항심	계율로 마음을 항복시키고
守意正定 수의정정	뜻을 지켜 안정된 마음에 바르게 들면
內學正觀 내학정관	안으로 자세히 바르게 살핌을 배우나니[71]
無忘正智 무망정지	바른 지혜로움을 잊지 말지니라.

----

70 뿌리는 힘이 있어 강한 작용을 가진다는 뜻이 있으며 이른바 안眼, 이耳, 비鼻, 설舌, 신身, 의意 등 번뇌의 근본이 되는 육근六根이 있다.

71 관觀은 내관內觀이라고도 하며 선정에 들어 지혜로서 마음과 물질의 경계인 대상을 자세히 살피는 것을 말한다. 즉 자신의 청정한 마음을 알아차리는 것으로 산란한 망념을 그치고 고요하고 맑은 지혜로 만법을 비추어 보는 것을 말한다. 이동형(2017년)은 정관을 지관止觀으로 표기했다.

5-10

明哲守戒 명 철 수 계	총명하고 사리 밝게 계율 지키며
內思正智 내 사 정 지	안으로 바른 지혜로움으로 생각하면
行道如應 행 도 여 응	바른 도 행함이 서로 응한 것 같이
自淸除苦 자 청 제 고	스스로 맑아지고 괴로움도 없어지리라.

5-11

蠲除諸垢 견 제 제 구	모든 세속 때 깨끗이 없애고
盡慢勿生 진 만 물 생	다하여 교만한 마음 일으키지 말지니
終身求法 종 신 구 법	몸 마칠 때까지 바른 법 구하거든
勿暫離聖 물 잠 이 성	잠시도 성스러운 도 떠나지 말지니라.

5-12

| 戒定慧解
계 정 혜 해 | 계율과 선정과 지혜로움으로 벗어나[72] |

72 계, 정, 혜는 도 닦는 이가 반드시 지켜야 할 세 가지 삼학三學이다. 또한 해탈은 불교의 궁극적 목적으로 일체의 집착과 번뇌의 속박에서 벗어나 열반의 경지에 도달하는 것이다.

是當善惟　이들을 마땅히 바르게 생각할지니
시 당 선 유

都已離垢　이미 모든 세속 때 떨쳐버리면
도 이 이 구

無禍除有　재앙도 없고 존재 상황도 없도다.[73]
무 화 제 유

5-13

着解則度　집착에서 벗어나면 건너리니[74]
착 해 즉 도

餘不復生　나머지 다른 것 다시 생기지 아니하면
여 불 부 생

越諸魔界　모든 악마의 경계를 넘으리라.
월 제 마 계

如日清明　마치 맑고 밝은 해와 같이.
여 일 청 명

---

73 유有는 일반적으로 존재한다는 뜻으로 공空과 무無의 반대 개념이다. 원효대사는
　연기론적 차원에서 구체적으로 인因과 연緣이 부합한 것을 유라 하고 인과 연이
　흩어지면 무라고 했다.

74 도度는 범어 바라밀(paramita)의 번역으로 생사의 바다를 건너는 일체의 행법을
　뜻한다. 이는 중생을 제도濟度한다는 뜻과 중생을 안락한 피안인 열반의 세계로
　건너게 한다는 뜻이 있다.

5-14

狂惑自恣 광혹자자	정신 없이 미혹되어 스스로 방자하면
已常外避 이 상 외 피	이미 항상 멀리 피했을지나
戒定慧行 계 정 혜 행	계율과 선정과 지혜로움으로 행하면
求滿勿離 구 만 물 이	충만함을 구하리니 떠나지 말지어다.[75]

5-15

持戒淸淨 지 계 청 정	계율을 지키면 맑고 깨끗하리니
心不自恣 심 불 자 자	마음이 스스로 방자하지 않거늘
正智已解 정 지 이 해	이미 바른 지혜로 깨달으니
不覩邪部 불 도 사 부	그릇된 부류를 보지 아니한다.

5-16

是往吉處 시 왕 길 처	이 좋은 곳에 가서
爲無上道 위 무 상 도	위 없는 바른 도 이루리니[76]

75 원만구족圓滿俱足은 본래부터 갖추어져 있어 부족함이 없는 충만함을 뜻한다.
76 무상無上은 더할 나위 없음을 뜻해서 부처님 진리를 말한다.

亦捨非道　또한 바르지 못한 도를 버리고
역사비도

離諸魔界　모든 악마의 경계에서 떠날지어다.
이 제 마 계

유념품惟念品

惟念品者 유 념 품 자	유념품의 장에서는
守微之始 수 미 지 시	미묘함을 지키는 시초로서[77]
內思安般 내 사 안 반	안으로 들숨과 날숨을 생각하면[78]
必解道紀 필 해 도 기	반드시 도의 근본을 깨닫는다 한다.[79]

---

77 미묘微妙는 섬세하고 깊이가 있어 묘하거나 이상야릇해서 알 수 없는 것이나 이치가 지극히 그윽하고 깊은 미묘법은 곧 생각과 언설을 초월한 부처님 가르침을 뜻한다.

78 안반安般은 범어 ana-apana의 음역인 안나安那 반나般那의 줄인 말로 안나ana는 내쉬는 숨이고 반나apana는 들이쉬는 숨이다. 곧 숫자에 따라 내쉬고 들이쉬는 숨을 헤아리며 흔들리고 산란한 마음을 막고 가라앉히는 참선의 수식관數息觀법이다.

79 유념품은 4언4행의 서두 외 총 12편으로 구성되었으며 그중 제9편만 5언6행이고 나머지 11편은 모두 5언4행으로 구성되었다.

6-1

出息入息念 내쉬는 숨과 들이쉬는 숨 생각하며
출식입식념

具滿諦思惟 두루 갖추면 진실한 도리 고요히 생각하나니[80]
구만제사유

從初竟通利 처음부터 끝까지 막힘없이 관통하노라면
종초경통리

安如佛所說 편안함이 마치 부처님 말씀과 같도다.
안여불소설

6-2

是則炤世間 이는 곧 세상을 밝게 비추니
시즉소세간

如雲解月現 마치 구름 벗고 드러난 달과 같거늘
여운해월현

起止學思惟 움직이거나 멈추거나 고요히 생각하는 것 배우고
기지학사유

坐臥不廢忘 앉거나 눕거나 그만두지도 잊지도 아니한다.
좌와불폐망

---

80 사유思惟는 일반적으로 대상을 두루 생각하는 행위로 논리적으로는 경험 내용과
표상 등을 구별하여 판단하는 이성 작용이다. 한편 사유수思惟修는 선禪 또는
선나禪那를 번역한 말로 마음을 한곳에 모아 움직이지 않고 조용히 사유하는
수행을 말한다.

6-3

比丘立是念　수행하는 비구가 이러한 생각 세우면
비구입시염

前利後則勝　먼저는 이로워도 나중에는 곧 이겨야 하리니
전리후즉승

始得終必勝　비로소 얻더라도 마침내 반드시 뛰어나야만
시득종필승

逝不覩生死　태어나고 죽는 것 보지 아니하고 지나가리라.
서불도생사

6-4

若見身所住　만약 몸이 머문 곳을 보려면
약견신소주

六更以爲最　육경을 제일로 삼아야 하나니[81]
육경이위최

比丘常一心　수행자 비구가 항상 한 마음이면[82]
비구상일심

---

81 경점更點은 북과 징을 쳐 시간을 알린 고대 중국의 제도이다. 이는 하룻밤을
다섯 경으로 나누어 2시간마다 북을 치고 다시 한 경을 다섯 점으로 나누어
24분마다 징을 쳤다.
　　한편 절에서는 초경(오후 7시-9시), 2경, 3경, 4경, 5경(새벽 3시-5시)에 맞추어
종을 쳤다. 따라서 육경은 오경 다음인 오전 5시에서 7시 사이라고 할 수 있다.
반면 인도에서는 하루를 낮의 삼시와 밤의 삼시로 나누어 여섯으로 나누었다고
한다.

82 일심一心은 간절한 마음으로 우주심宇宙心이라고도 한다. 이는 셋으로 나누어
볼 수 있다. 우선 우주의 근본 자리로서 우주심은 만유의 실체인 진여眞如,
불성佛性, 본각本覺, 원각圓覺 등으로 지칭되며 특히 『기신론起信論』에서 중생이
본래 갖추고 있는 진여眞如의 심성을 중생심衆生心이라 하고 이를 불성佛性,

便自知泥洹　문득 스스로 열반을 깨달으리라.
편 자 지 니 원

6-5

已有是諸念　이미 이러한 생각들이 있으면
이 유 시 제 념

自身常健行　자기 스스로 항상 굳건히 행하리나
자 신 상 건 행

若其不如是　만약 그것을 이와 같이 아니할지면
약 기 불 여 시

終不得意行　행하는 마음을 끝내 이루지 못하리라.
종 부 득 의 행

6-6

是隨本行者　이러한 본래의 행함을 따르는 이는
시 수 본 행 자

如是度愛勞　애욕의 번뇌도 이와 같이 건너리니
여 시 도 애 로

若能悟意念　만약 마음속 생각을 깨달을 수 있으면
약 능 오 의 념

知解一心樂　한결같은 마음이 깨닫는 즐거움을 알리라.
지 해 일 심 락

여래장如來藏, 일심一心이라고도 한다. 또한『성유식론成唯識論』에서는 유일의
근본식根本識으로 온갖 것을 변현變現시키는 마음으로서 아뢰야식의 의미에
따라 일심이라고 한다. 끝으로 오직 하나의 대상에 마음을 집중하여 생각을
어지럽히지 않는 마음을 일심으로 보고 정토교淨土敎에서는 부처님을 바르게
생각하는 일심정념一心正念으로 염불하는 것을 중요시한다.

6-7

應時等行法 응시등행법	때에 따라 헤아리며 바른 법 행하면
是度老死惱 시도노사뇌	이에 늙음과 죽음의 번뇌도 건너리니
比丘悟意行 비구오의행	수행자 비구가 마음을 깨달아 행하노라면
當令應是念 당영응시념	이러한 생각들 따르게 됨은 당연하도다.

6-8

諸念生死棄 제념생사기	삶과 죽음의 모든 생각들을 버리면
爲能作苦際 위능작고제	고뇌의 끝을 이룰 수 있게 되리니
常當聽微妙 상당청미묘	마땅히 그윽하고 오묘한 말씀들 항상 듣고
自覺悟其意 자각오기의	스스로 그 마음을 밝혀 깨달을지어다.[83]

---

83 각覺은 각오覺悟, 각자覺者, 각황覺皇과 같으며 각오는 미혹에서 벗어나 진리를
깨달은 것으로 범어 Buddha는 "깨닫다"라는 뜻에서 깨달은 사람 그리고 나아가
부처로 번역되었다.

6-9

能覺者爲賢　깨달은 이는 어질다 할 수 있으니
능각자위현

終始無所會　처음부터 끝까지 모여 맞춘 것 없이
종시무소회

以覺意能應　깨달은 마음으로 응할 수 있을진대
이각의능응

日夜務學行　밤낮으로 힘써 배우며 행하노라면
일야무학행

當解甘露要　마땅히 단 이슬 같은 요체 깨닫고
당해감로요

令諸漏得盡　모든 번뇌 다할 수 있게 되리라.
영제루득진

6-10

夫人得善利　대개 사람들이 좋은 이로움 얻으려고
부인득선리

乃來自歸佛　네 스스로 와 부처님께 돌아가나니
내래자귀불

是故當晝夜　이러한 연고로 마땅히 밤낮으로
시고당주야

常念佛法衆　부처님과 불법과 중생들을 항상 생각할지어다.[84]
상념불법중

---

84 중생衆生은 불교에서 인간을 비롯해 생명을 가진 모든 사바세계의 존재를 가리키
　　며 이들은 생을 거듭하며 사는 윤회의 존재들이어서 유정有情이라고도 한다.

6-11

已知自覺意　이미 스스로 마음을 깨달아 알면
이 지 자 각 의

是爲佛弟子　이를 부처님 제자라 이르나니
시 위 불 제 자

常當晝夜念　마땅히 밤낮으로 항상 생각할지어다.
상 당 주 야 념

佛與法及僧　부처님과 더불어 불법과 스님들을.
불 여 법 급 승

6-12

念身念非常　몸 생각하거든 항상 존재하지 않음을 생각하고[85]
염 신 념 비 상

念戒布施德　계율과 남에게 베푸는 공덕을 생각할지니
염 계 보 시 덕

空不願無相　텅 비어 형상이 없고 바람도 없을지나[86]
공 불 원 무 상

---

[85] 비상非常은 무상無常과 같이 생사와 희로애락을 포함해 모든 존재의 덧없음이
우주의 법칙임을 의미하며 아울러 현상은 부단한 변화의 흐름이어서 또한 불변의
영원한 실체가 될 수 없다. 때문에 깊은 명상을 통해 마음의 안정을 누리고
진정한 자유인이 될 수 있다고 한다.

[86] 공空은 일반적 의미인 아무 것도 없는 텅 빈 상태라기보다 모든 현상이 본래
자성自性 없이 인연 따라 생멸하기 때문에 실재할 수 없다. 즉 무상無常이나
무아無我에 관한 연기緣起(사물에 관한 의타성)와 관련해 무자성無自性임을 뜻한다.
무원無願은 바라는 것이 없다는 뜻으로 무작無作, 무위無爲, 공空과 같다.
또한 무상無相은 모든 사물에는 고정된 실제 상이 없다는 의미이다. 이는 미혹된
생각으로 인식하는 것과 같은 허상이 아니라 형상이 없는 진여법성이나 모든

晝夜當念是　밤낮으로 이를 생각함이 마땅하도다.
주야당염시

집착을 떠난 경계이어서 모든 상相을 떠나면 곧 진정한 무상이라 할 수 있다.

7

자인품慈仁品

慈仁品者
자인품자

자인품의 장에서는

是謂大人
시위대인

바로 덕 높은 이를 일컬으니

聖人所履
성인소리

성스러운 이와 함께 이들이 밟아온 바

德普無量
덕보무량

덕스러움이 널리 한량없다 일컫는다.[87]

---

87 자인품은 4언4행의 서두 외에 총 18편으로 구성되었다. 그중 제15편은 특이하게 4언8행이고 마지막 제18편은 5언4행이며 나머지 16편은 모두 4언4행으로 구성되었다. 한편 제15편은 내용상 8행의 형식(이기석, 이종기본)이 자연스럽다고 보아 8행으로 묶었으나 기존의 형식이 대체로 4행과 6행이고 8행의 구성은 특이한 편이다. 또한 이를 두 편으로 나눈 역자(이동형)도 있어서 교정자 역시 기존 형식에 맞추어 4언4행으로 나누어도 무방하다는 입장이다. 따라서 총 19편이 되었다.

7-1

爲仁不殺
위인불살
어진 이 되어 생명을 죽이지 아니하고

常能攝身
상능섭신
항상 몸 단정하게 다스릴 수 있으면

是處不死
시처불사
바로 죽음 없는 곳에 있으리니

所適無患
소적무환
가는 곳마다 근심이 없도다.

7-2

不殺爲仁
불살위인
생명들 죽이지 아니하는 어진 이 되어

愼言守心
신언수심
말을 삼가고 마음을 지키노라면

是處不死
시처불사
바로 죽음 없는 곳에 있으리니

所適無患
소적무환
가는 곳마다 근심이 없도다.

7-3

彼亂已整
피란이정
그 어지러움을 이미 바로 잡고

守以慈仁
수이자인
어질고 자애로운 마음으로 지키나니

見怒能忍
견노능인
성냄을 보고 참을 수 있으면

82

是爲梵行
시 위 범 행
바로 맑고 깨끗한 행함이 된다.[88]

7-4

至誠安徐
지 성 안 서
지극히 참되고 편안하며 조용하니

口無麤言
구 무 추 언
입으로 거친 말 하지 아니하고

不瞋彼所
부 진 피 소
남에게 성내지 아니하는 바이면

是謂梵行
시 위 범 행
이를 맑고 깨끗한 행함이라 이른다.

7-5

垂拱無爲
수 공 무 위
손 모아 잡고 행함이 없어도

不害衆生
불 해 중 생
모든 생명 있는 존재들 해치지 아니하고

無所嬈惱
무 소 요 뇌
어지러이 번뇌하는 바 없을지면

是應梵行
시 응 범 행
이를 응당 맑고 깨끗한 행함이라 한다.

88 범행梵行은 brahma-carya의 번역으로 범은 청정을 뜻해서 정행淨行이라고도
   하며 맑고 깨끗한 행실을 뜻한다. 즉 욕심 없는 자비심으로 남을 이롭게 하는
   행위이며 나아가 음욕을 끊기 위한 금욕지계 禁慾持戒도 포함된다.

7-6

常以慈哀
상 이 자 애
항상 어질어 가엾게 여기니

淨如佛教
정 여 불 교
그 맑음이 마치 부처님 가르침과 같거늘

知足知止
지 족 지 지
만족함을 알고 그침을 알면

是度生死
시 도 생 사
이에 삶과 죽음의 강을 건너리라.[89]

7-7

少欲好學
소 욕 호 학
욕심이 적고 배우기를 좋아하니

不惑於利
불 혹 어 리
이로움에 미혹되지 않거늘

仁而不犯
인 이 불 범
어질고 해치지 않노라면

世上所稱
세 상 소 칭
세상 사람들이 칭찬하는 바이로다.

---

89 도度는 중생을 제도한다는 뜻과 중생을 강 저편 열반의 세계로 건너게 한다는
   뜻이 있다. 특히 소승은 명상을 통해 중생들의 이기심과 고해의 사바세계를
   벗어나 열반을 얻으며 대승은 깨달음과 생사불이不二와 대비심大悲心이 열반에
   이르게 한다는 특징이 있다.

7-8

| 仁壽無犯 | 어질어 오래 살면서 범하지 않고 |
| 인 수 무 범 | |

| 不興變怏 | 변고나 원망을 일으키지 아니하나니 |
| 불 홍 변 앙 | |

| 人爲諍擾 | 사람들이 다투어 번거롭게 할지라도 |
| 인 위 쟁 요 | |

| 慧以默安 | 지혜로운 이는 묵묵히 편안하도다.[90] |
| 혜 이 묵 안 | |

7-9

| 普憂賢友 | 어진 벗들을 두루 근심하고 |
| 보 우 현 우 | |

| 哀加衆生 | 더하여 생명 있는 모든 존재들 가엾게 여기나니 |
| 애 가 중 생 | |

| 常行慈心 | 항상 사랑하는 마음으로 행하면 |
| 상 행 자 심 | |

| 所適者安 | 가는 곳마다 편안하도다. |
| 소 적 자 안 | |

---

90 묵연무언默然無言 즉 무언무설(말 없음)은 불이법不二法에 대한 유마거사의 침묵에
서 비롯된 말로 남과 나에 대한 분별이 없어서 불이不二이고 진여이니 말과
사물과 집착을 떠나면 침묵만 있을 뿐이다.

7-10

仁儒不邪 인유불사	어진 선비는 도리에 어긋나지 아니하니
安止無憂 안지무우	고요하고 편안하며 근심이 없거늘
上天衛之 상천위지	위로는 하늘이 이를 지켜주시리니
智者樂慈 지자낙자	지혜로운 이는 즐겨 자애로움 행할지어다.

7-11

晝夜念慈 주야염자	밤낮으로 자애로움 생각하니
心無剋伐 심무극벌	마음 깊이 남을 쳐 이기지 아니하고
不害衆生 불해중생	모든 생명 있는 존재들 해치지 않노라면
是行無仇 시행무구	바로 원한 없는 행함이로다.

7-12

不慈則殺 부자즉살	자애롭지 못하면 생명체들 해치고
違戒言妄 위계언망	계율 어기며 그릇된 말들을 하나니
過不與他 과불여타	남에게 베풀지 않기를 지나치게 하노라면

86

不觀衆生
불관중생
중생도 자세히 살피지 못하리라.

7-13

酒致失志
주 치 실 지
술은 뜻을 잃기에 이르니

爲放逸行
위 방 일 행
방자한 행함을 일삼게 되면

後墮惡道
후 타 악 도
후에는 악한 길에 떨어질지니

無誠不眞
무 성 부 진
성실함이 없고 참되지도 않다.

7-14

履仁行慈
이 인 행 자
어진 이를 따라 자애로움 행하며

博愛濟衆
박 애 제 중
중생을 널리 사랑하고 인도하노라면

有十一譽
유 십 일 예
기릴 영예 열한 가지 있나니

福常隨身
복 상 수 신
복덕이 항상 몸에 따르리라.

7-15

臥安覺安　누워 자도 편안하고 깨어나도 편안하니
와 안 각 안

不見惡夢　흉한 꿈도 보지 아니하거늘
불 견 악 몽

天護人愛　하늘이 보호하시고 사람들이 사랑하리니
천 호 인 애

不毒不兵　해치는 독함도 없고 병화도 없도다.
부 독 불 병

7-16

水火不喪　물과 불도 해치지 못하니
수 화 불 상

在所得利　있는 곳마다 이로움 얻거늘
재 소 득 리

死昇梵天　죽어서는 범천에 오르리니
사 승 범 천

是爲十一　이에 열한 가지가 된다.[91]
시 위 십 일

7-17

若念慈心　만약 자애로운 마음으로 생각하기를
약 념 자 심

無量不廢　한량없이 그치지 아니하노라면
무 량 불 폐

---

91 이미 말한 바와 같이 열한 가지를 붙여 4언8행으로 구성했으나 대부분의 기존
　형식에 따라 4언4행으로 나뉘었음을 밝힌다.

生死漸薄
생 사 점 박
태어나고 죽는 근심도 점점 엷어지리니

得利度世
득 리 도 세
이로움 얻고 세상 건너리라.

7-18

仁無亂志
인 무 란 지
어진 마음은 뜻을 어지럽히지 않고

慈最可行
자 최 가 행
자애로움은 가장 행할 만하리니

愍傷衆生
민 상 중 생
모든 중생들을 근심하고 불쌍히 여기면

此福無量
차 복 무 량
이 복덕은 헤아릴 수 없이 많도다.

7-19

假令盡壽命
가 령 진 수 명
가령 목숨이 다하도록

懃事天下人
근 사 천 하 인
천하 사람들을 정성껏 섬기며

象馬以祠天
상 마 이 사 천
말과 코끼리로 하늘에 제사 지낼지라도

不如行一慈
불 여 행 일 자
자애로움 한 번 행함만 같지 못하니라.

언어품言語品

言語品者 언어품자	언어품의 장에서는
所以戒口 소이계구	입을 경계하는 이유가
發說談論 발설담론	생각을 내어 말하고 논함이
當用道理 당용도리	마땅히 사리 맞는 바른 길 따라야 하기 때문이다.[92]

---

[92] 언어품은 4언4행의 서두 외에 총 12편으로 구성되었으며 그중 제1편에서 제4편까지 4편은 4언4행이고 나머지 제5편에서 제12편까지 8편은 모두 5언4행으로 구성되었다.

8-1

惡言罵詈 악 언 매 리	나쁜 말로 헐뜯고 꾸짖으며
驕陵蔑人 교 능 멸 인	남을 업신여기고 깔보는
興起是行 흥 기 시 행	이러한 행함을 왕성하게 일으키면[93]
疾怨滋生 질 원 자 생	미움과 원망이 더욱 많이 생긴다.

8-2

遜言順辭 손 언 순 사	겸손하게 말하고 말씨가 유순하면
尊敬於人 존 경 어 인	남에게 삼가 공경 받으리니
棄結忍惡 기 결 인 악	맺힌 마음 버리고 악한 행위 참노라면[94]
疾怨自滅 질 원 자 멸	미움과 원망도 자연히 없어진다.

[93] 이동형은 시행 대신 시의是意로 표기했다.

[94] 인忍은 인욕忍辱, 인내忍耐, 안인安忍의 뜻으로 어떤 굴욕과 박해도 참고 견디며 성내지 않고 진리를 깨달아 마음을 편하게 함을 뜻한다.

8-3

夫士之生 　대개 사람이 태어나면
부사지생

斧在口中 　입 안에 도끼를 품고 있나니
부재구중

所以斬身 　몸을 베이는 이유가
소이참신

由其惡言 　그 나쁜 말 때문이니라.
유기악언

8-4

諍爲小利 　적은 이득 위해 다투니
쟁위소리

如掩失財 　마치 잃은 재물 거두는 것 같으나
여엄실재

從彼致諍 　그로부터 다툼에 이르면
종피치쟁

令意向惡 　마음은 악한 쪽으로 향하게 된다.
영의향악

8-5

譽惡惡所譽 　악함을 기리거나 악함이 칭찬받는 바이면
예악악소예

是二俱爲惡 　이 두 가지 모두 악함이 되거늘
시이구위악

好以口儈鬪 　흥정붙이는 중개인처럼 입으로 다투기 좋아하면
호이구쾌투

是後皆無安　이후 모두 편안하지 못하느니라.
시 후 개 무 안

8-6

無道墮惡道　바른 도 없으면 악한 길에 떨어지리니
무 도 타 악 도

自增地獄苦　지옥의 고통이 저절로 더해질지니
자 증 지 옥 고

遠愚修忍意　어리석음 멀리하고 참는 마음 닦으며
원 우 수 인 의

念諦則無犯　참된 도리 생각하면 범하지 못하리라.[95]
염 제 즉 무 범

8-7

從善得解脫　착함을 따르면 벗어나 편안할 수 있고[96]
종 선 득 해 탈

爲惡不得解　악함을 행하면 해탈의 경지 얻지 못하리니
위 악 부 득 해

善解者爲賢　바르게 깨닫고 어진 이 되면
선 해 자 위 현

是爲脫惡惱　바로 모진 번뇌 벗어나게 되리라.
시 위 탈 악 뇌

---

95 이미 말한 바와 같이 '살핀다'는 뜻의 체諦는 '제'라고 읽으며 진실한 도리, 불변의
　진리 등을 뜻한다. 곧 고苦, 집集, 멸滅, 도道를 사성제四聖諦라고 한다.

96 해탈解脫은 속박과 번뇌에서 벗어나 편안한 경지에 이르는 것으로 미혹된 세계에
　얽매인 굴레를 벗어나 깨닫는 것이 불교의 궁극적 목적이기도 하다. 곧 일체의
　집착과 번뇌의 속박에서 벗어나 걸림 없는 열반에 도달하는 것을 뜻한다.

8-8

解自抱損意 품고 있는 손상된 마음을 스스로 풀고
해 자 포 손 의

不躁言得中 조급하지 않은 말로 중도를 얻으면
부 조 언 득 중

義說如法說 설명한 뜻이 마치 법도를 풀어 밝힌 듯하리니
의 설 여 법 설

是言柔軟甘 이를 부드럽고 연하고 달다고 말한다.
시 언 유 연 감

8-9

是以言語者 이러한 이유로 말하는 이는
시 이 언 어 자

必使己無患 반드시 자기로 하여금 근심을 없애도록 하고
필 사 기 무 환

亦不剋衆人 또한 많은 사람들을 깎아 이기지 아니하면
역 불 극 중 인

是爲能善言 이를 능히 말을 잘한다고 한다.
시 위 능 선 언

8-10

言使投意可 말은 마음속 생각이 투사되도록 하고
언 사 투 의 가

亦令得歡喜 또한 기쁨과 즐거움을 얻도록 하며
역 영 득 환 희

不使至惡意 나쁜 마음에 이르지 아니하도록 하면
불 사 지 악 의

出言衆悉可
출언중실가
말을 많이 하더라도 다 좋다.

8-11

至誠甘露說
지성감로설
지극히 정성스러운 단 이슬 같은 말은

如法而無過
여법이무과
마치 바른 법과 같아서 허물이 없나니

諦如義如法
제여의여법
진실된 도리가 바른 뜻과 같고 바른 법과 같을지면

是爲近道立
시위근도립
이는 거의 바른 도 세운 것에 가까우니라.

8-12

說如佛言者
설여불언자
부처님 말씀과 같이 풀어 밝힌 이는

是吉得滅度
시길득멸도
바로 경사롭게도 번뇌 다한 열반을 얻을지니

爲能作浩際
위능작호제
광대함의 극치를 이루어낼 수 있으면

是謂言中上
시위언중상
이는 이른 말 중에서 가장 훌륭하도다.

쌍요품雙要品

雙要品者 쌍 요 품 자	쌍요품의 장에서는
兩兩雙明 양 량 쌍 명	둘씩 둘씩 짝이 된 글귀를 밝히고[97]
善惡有對 선 악 유 대	선과 악이 대응하고 있으면
擧義不單 거 의 부 단	그 뜻을 모두 들며 한 쪽만 열거하지 않는다.[98]

[97] 한시漢詩에서 상대되는 글귀로 양 면을 상과 하 등으로 대응시키면서 그 내용을 한 편으로 또는 한 문단으로 구성하는 수사법을 쌍관법雙關法이라고 한다.

[98] 쌍요품은 4언4행의 서두 외에 총 22편으로 구성되었다. 이들 중 제1편, 제2편 그리고 제7편, 제8편 이어서 제21편, 제22편 등 6편은 4언6행으로 구성되고 나머지 16편은 모두 4언4행으로 구성되었다.

9-1

心爲法本 심 위 법 본	마음은 바른 법의 근본이니[99]
心尊心使 심 존 심 사	마음을 공경하며 마음을 부려야 할진대
中心念惡 중 심 념 악	마음 속으로 악함을 생각하며
卽言卽行 즉 언 즉 행	그와 같이 말하고 그와 같이 행동하면
罪苦自追 죄 고 자 추	죄와 고통이 자연히 따를지어다.
車轢于轍 거 력 우 철	수레 치인 흔적이 수레바퀴 따르는 것 같이.

9-2

心爲法本 심 위 법 본	마음은 바른 법의 근본이어서
心尊心使 심 존 심 사	마음을 공경하며 마음을 부려야 할지니
中心念善 중 심 념 선	마음 속으로 착함을 생각하며
卽言卽行 즉 언 즉 행	그와 같이 말하고 그와 같이 행동하면
福樂自追 복 락 자 추	복덕과 즐거움이 저절로 따를지어다.

---

99 심心은 의식 작용의 본체로 의意 또는 식識의 이름을 붙이나 근본적으로 이름도
   형상도 없어 잡을 수도 없는 의식의 흐름이다.

如影隨形　마치 그림자가 형체를 따르는 것과 같이.
여 영 수 형

9-3

隨亂意行　어지러운 마음을 따라 행하면
수 난 의 행

拘愚入冥　어두움에 들어가 어리석음 속에 갇히나니
구 우 입 명

自大無法　스스로 크다 해도 바른 법이 없으면
자 대 무 법

何解善言　어찌 좋은 말을 깨닫겠는가.
하 해 선 언

9-4

隨正意行　바른 마음을 따라 행하면
수 정 의 행

開解淸明　맑고 밝은 생각으로 환히 깨닫나니
개 해 청 명

不爲妬嫉　시기하고 미워하게 되지 아니하면
불 위 투 질

敏達善言　좋은 말들을 슬기롭게 통달하노라.
민 달 선 언

9-5

慍於怨者　원망하는 이에게 화를 내면
온 어 원 자

未嘗無怨　일찍이 원망이 없어지지 아니하거늘
미 상 무 원

98

不慍自除
불 온 자 제
화내지 아니하고 스스로 덜어버리면

是道可宗
시 도 가 종
이러한 도리는 우러러 받들 만하노라.

9-6

不好責彼
불 호 책 피
남 책망하기를 좋아하지 말고

務自省身
무 자 성 신
자신을 되살피며 스스로 힘써야 하거늘

如有知此
여 유 지 차
만약 이를 알고 있으면

永滅無患
영 멸 무 환
길이 근심 없는 열반을 얻으리라.

9-7

行見身淨
행 견 신 정
몸이 깨끗하다 여기고 행하면

不攝諸根
불 섭 제 근
모든 근본들을 다스리지 못하리니

飮食不節
음 식 부 절
먹고 마시기를 절제하지 아니하고

慢墮怯弱
만 타 겁 약
게으르고 겁이 많아 마음 약하게 무너지면

爲邪所制
위 사 소 제
그릇되어 지배 받는 바 되나리.

如風靡草
여 풍 미 초
마치 바람에 쓰러지는 풀과 같이.

9-8

觀身不淨 관신 부정	몸이 깨끗하지 못하다 여기고 살피면
能攝諸根 능섭 제근	여러 근본들을 능히 다스리니
食知節度 식지 절도	음식을 절도 있게 조절할 줄 알고
常樂精進 상 락 정 진	항상 힘써 닦아 나아가기 즐기면
不爲邪動 불위 사동	흔들리어 그릇되게 되지 아니하니라.
如風大山 여 풍 대 산	마치 바람 앞에 선 큰 산과 같이.

9-9

不吐毒態 불토 독 태	독한 마음 상태 내보내지 아니하고
欲心馳聘 욕 심 치 빙	탐내는 욕심들 바삐 불러들이면[100]
未能自調 미 능 자 조	능히 스스로 조절하지 못하리니
不應法衣 불 응 법 의	법복이 허용되지 아니하리라.[101]

---

100 이기석, 이종기본은 빙聘으로 한명숙은 빙騁으로 표기했다.

101 법의法衣는 승의僧衣, 승복僧服, 법복이라고 하며 비구와 비구니가 입는 옷으로 처음에는 가사袈裟를 일컬었으나 후세에는 그 외에도 쓰인다. 이는 전통적으로 인가印可의 표시로 법제자에게 전해졌으며 무구의無垢衣, 공덕의功德衣, 이진복離 塵服, 방포方袍 등으로도 불린다.

9-10

能吐毒態
능토독태
독한 마음 상태 능히 내보내고

戒意安淨
계의안정
계율 지킨 마음이 편안하고 깨끗하면

降心已調
항심이조
마음도 이미 굽히어 알맞게 조절되리니

此應法衣
차응법의
이에 법복이 허용되노라.

9-11

以眞爲僞
이진위위
진실로 거짓을 삼고

以僞爲眞
이위위진
거짓으로 진실을 삼으니

是爲邪計
시위사계
이는 그릇된 계책이거늘

不得眞利
부득진리
참된 이로움 얻지 못하리라.

9-12

知眞爲眞
지진위진
진실됨을 진실로 알고

見僞知僞
견위지위
거짓을 보고 거짓임을 알면

是爲正計
시위정계
이는 바른 계책일지니

必得眞利　반드시 참된 이로움 얻는다.
필득진리

9-13

蓋屋不密　덮은 지붕 촘촘하지 않고 엉성하면
개옥불밀

天雨則漏　하늘에서 내린 비 곧 새 나오듯이
천우즉루

意不惟行　마음 깊이 생각 아니하고 행하면[102]
의불유행

淫泆爲穿　음탕함이 넘쳐 구멍 뚫리게 된다.
음일위천

9-14

蓋屋善密　덮은 지붕 촘촘하고 바르면
개옥선밀

雨則不漏　비 와도 곧 새지 아니하듯이
우즉불루

攝意惟行　마음 깊이 다스려 생각하고 행하면
섭의유행

淫泆不生　음탕함 넘치는 일 일어나지 아니한다.
음일불생

---

102 의意는 사량思量하는 작용으로 이는 생각하여 헤아리는 정신의 본체이다.

9-15

鄙夫染人
비 부 염 인
야비한 이는 남 물들이기를

如近臭物
여 근 취 물
마치 냄새나는 물건 가까이한 것 같으니

漸迷習非
점 미 습 비
점점 미혹되어 그릇되게 익히면

不覺成惡
불 각 성 악
깨닫지 못하고 악함을 이루니라.

9-16

賢夫染人
현 부 염 인
어진 이는 남을 물들이기를

如近香熏
여 근 향 훈
마치 좋은 향기 가까이한 것 같으니

進智習善
진 지 습 선
지혜롭게 나아가며 바르게 익히면

行成潔芳
행 성 결 방
행하여 맑고 덕스러움 이루니라.

9-17

造憂後憂
조 우 후 우
근심을 지으면 이후 근심하고

行惡兩憂
행 악 양 우
악함을 행하면 두 번 근심할지니

彼憂惟懼
피 우 유 구
그 근심 생각하며 두려워하거니와

見罪心懅
견 죄 심 거
지은 죄를 보면 마음이 무섭도다.

9-18

造喜後喜
조 희 후 희
기쁨을 지으면 이후 기뻐하고

行善兩喜
행 선 양 희
착함을 행하면 두 번 기뻐할지니

彼喜惟歡
피 희 유 환
그 기쁨 생각하며 즐거워하거니와

見福心安
견 복 심 안
지은 복덕을 보면 마음이 편안하도다.

9-19

今悔後悔
금 회 후 회
지금 후회하면 이후에도 후회하고

爲惡兩悔
위 악 양 회
악함을 행하면 두 번이나 후회할지니

厥爲自殃
궐 위 자 앙
그 스스로 지은 재앙 때문에

受罪熱惱
수 죄 열 뇌
죄 받으리니 심히 괴롭고 고단하리라.

9-20

今歡後歡
금 환 후 환
지금 기쁘면 이후에도 기뻐하고

爲善兩歡
위 선 양 환
착함을 행하면 두 번이나 기뻐할지니

厥爲自祐 그 스스로 지은 도움 때문에
궐 위 자 우

受福悅豫 복덕을 받으리니 기쁘고 즐겁도다.
수 복 열 예

9-21

巧言多求 교묘하게 꾸민 말로 바라는 것 많고
교 언 다 구

放蕩無戒 방자하여 계율을 지키지 아니하니
방 탕 무 계

懷婬怒癡 음탕함과 화냄과 어리석음을 가슴에 품거늘
회 음 노 치

不惟止觀 번뇌를 그치고 지혜롭게 살필 생각 아니하면[103]
불 유 지 관

聚如群牛 마치 무리 지은 소떼같이 모일지라도
취 여 군 우

非佛弟子 부처님 제자들 아니로다.
비 불 제 자

---

103 지止는 적정寂靜과 같은 뜻으로 사념망상邪念妄想이 일어나는 것을 막고 마음을
한곳에 머물게 하는 것이다. 따라서 지관止觀은 모든 번뇌를 그치고(지) 지혜롭게
자세히 살펴 자기의 청정한 마음을 알아차리는 것(관)이다. 곧 고요하고 맑은
지혜로 만법을 비추어 본다.

時言少求 　시기적절한 말로 바라는 것 적고
시 언 소 구

行道如法 　바른 법과 같이 바른 도를 행하며
행 도 여 법

除婬怒癡 　음탕함과 화냄과 어리석음 덜어 없앨지면
제 음 노 치

覺正意解 　바른 마음 깨닫고 번뇌에서 벗어나[104]
각 정 의 해

見對不起 　대상을 보아도 마음 일으키지 아니할지니
견 대 불 기

是佛弟子 　바로 부처님 제자들이로다.
시 불 제 자

---

104 정각正覺은 청정한 본래 마음을 바로 깨닫는 것이다. 이는 일체의 속박과 번뇌에
　　서 벗어난 해탈이 그 궁극이라 할 수 있다.

10

방일품放逸品

放逸品者 방 일 품 자	방일품의 장에서는
引律戒情 인 율 계 정	계율을 인용해 식정을 경계하니[105]
防邪撿失 방 사 겸 실	그릇됨을 막아 잘못됨을 단속하며
以道勸賢 이 도 권 현	바른 도로 어진 이 될 것을 권하고 있다.[106]

---

105 정情은 식정識情을 말하며 범부의 미혹한 마음에 따른 견해 또는 마음의 움직임을
   말한다. 또한 식정은 식심識心과 망념과 같은 뜻으로 육근을 통한 생각이나
   분별을 일으키는 모든 것이 식정이 된다. 곧 육식六識인 눈, 귀, 코, 혀, 몸,
   의식(육근六根)의 감각 기관이 색, 성, 향, 미, 촉, 법을 받아들여 이에 따른
   감각, 지각, 번뇌 등을 일으키는 마음 작용을 경계한다고 볼 수 있다.

106 방일품은 4언4행의 서두 외에 총 20편으로 구성되었다. 그중 제1편에서 제14편까
   지 14편 중 5언6행으로 구성된 제8편을 제외한 13편이 모두 5언4행으로 구성되었
   다. 또한 제15편부터 제20편까지 6편 중 마지막 편인 제20편의 4언6행을 제외한
   나머지 5편이 모두 4언4행으로 구성되었다. 즉 4언4행이 5편이고 4언6행이
   1편이며 5언4행이 13편 그리고 5언6행이 1편이어서 비교적 다양하다.

10-1

戒爲甘露道 계율을 지킴은 죽지 않는 길이고[107]
계 위 감 로 도

放逸爲死徑 방자함은 죽음의 지름길이나니[108]
방 일 위 사 경

不貪則不死 탐내지 않으면 죽지 않으리나
불 탐 즉 불 사

失道爲自喪 도를 잃으면 스스로를 잃게 되니라.
실 도 위 자 상

10-2

慧智守道勝 밝은 지혜로 바른 도를 훌륭하게 지키면[109]
혜 지 수 도 승

終不爲放逸 끝내 방자하지 아니하리니
종 불 위 방 일

不貪致歡喜 탐내지 않아 기쁘고 즐거움에 이를지면
불 탐 치 환 희

從是得道樂 이에 따라 바른 도의 즐거움도 얻으리라.
종 시 득 도 락

---

107 감로甘露는 생명수와 같은 부처님 가르침으로 불사不死, 천주天酒라고도 한다.

108 불방일不放逸은 방일하지 않는 것으로 일반적으로 제멋대로 하지 않는 행동이나 태도를 뜻한다. 불교에서 모든 나쁜 것들을 버리고 마음을 한 곳에 집중하여 착한 행함을 닦는 정신 작용을 말하며 수행을 게을리 하는 것을 큰 허물로 여겨 이를 경계하고 있다.

109 지혜智慧는 육바라밀(육도六度)의 하나로 일체 공空하다는 제법의 이치에 통달한 위없는 마음 작용이다.

10-3

常當惟念道　항상 마음 깊이 바른 도 생각함이 마땅하니
상 당 유 념 도

自强守正行　스스로 바른 행함을 굳건히 지키는
자 강 수 정 행

健者得度世　굳센 이들이 세상 너머 깨달으면[110]
건 자 득 도 세

吉祥無有上　즐겁고 경사롭기가 이보다 나은 것이 없도다.
길 상 무 유 상

10-4

正念常興起　바른 생각들 항상 떨치어 일으키고[111]
정 념 상 홍 기

行淨惡易滅　맑게 행하면 악함을 다스려 없애리니
행 정 악 이 멸

自制以法壽　바른 법 따라 스스로 절제하며 사노라면
자 제 이 법 수

不犯善名增　범하지 아니하고 좋은 이름 더하리라.
불 범 선 명 증

---

110 득도得度는 머리 깎고 불문에 들어가거나 생사의 고해를 건너 깨달음의 피안에
　　이르는 것을 뜻한다.

111 정념正念은 팔정도八正道의 하나로 그릇된 생각을 버리고 제법의 성상性相에
　　대한 끊임없는 정신 집중과 바른 생각을 뜻한다.

10-5

發行不放逸　방자하지 아니한 행함을 펼치고
발 행 불 방 일

約以自調心　스스로 단속하여 마음을 조절하며
약 이 자 조 심

慧能作定明　지혜로움으로 능히 마음 집중하여 밝히면
혜 능 작 정 명

不返冥淵中　어두운 연못 속으로 되돌아오지 않으리라.
불 반 명 연 중

10-6

愚人意難解　어리석은 사람은 마음 깨닫기 어려워
우 인 의 난 해

貪亂好諍訟　탐내어 어지럽히며 소송 내어 다투기 좋아하나
탐 란 호 쟁 송

上智常重愼　뛰어나게 지혜로운 이는 항상 거듭 삼가하니
상 지 상 중 신

護斯爲寶尊　이를 존귀한 보물인 듯 지키도다.
호 사 위 보 존

10-7

莫貪莫好諍　탐내지 말고 다투기 좋아하지 말며
막 탐 막 호 쟁

亦莫嗜欲樂　또한 즐겨 욕심부리기를 좋아하지 말지니
역 막 기 욕 락

思心不放逸　마음 깊이 생각하고 방자하지 아니하면
사 심 불 방 일

可以獲大安 아주 큰 편안함을 얻을 수 있도다.
가 이 획 대 안

10-8

放逸如自禁 제멋대로 행함을 만약 스스로 막고
방 일 여 자 금

能却之爲賢 이를 물리칠 수 있으면 어진 이 되리니
능 각 지 위 현

已昇智慧閣 이미 지혜로움으로 봉우리에 높이 오르면
이 승 지 혜 각

去危爲卽安 위험함을 없애어 곧 편안하게 되거늘
거 위 위 즉 안

明智觀於愚 밝은 지혜로움으로 어리석음 살피게 되도다.
명 지 관 어 우

譬如山與地 마치 산이 땅과 더불어 비유된 것과 같이.[112]
비 여 산 여 지

10-9

居亂而身正 어지러운 곳에 살아도 몸이 바르면
거 란 이 신 정

彼爲獨覺悟 그 홀로 미혹에서 벗어나 깨닫게 되나니
피 위 독 각 오

是力過師子 이 힘은 사자보다 더해서
시 력 과 사 자

---

112 이 편은 4언6행으로 보는 역자(김달진, 이종기본, 한명숙, 현진)와 달리 4언4행으로
보는 역자(이기석)도 있다. 의미상으로 6행이 더 자연스럽게 통한다.

棄惡爲大智　악함을 버리고 큰 지혜 이루니라.[113]
기 악 위 대 지

10-10

睡眠重若山　졸음은 무겁기가 산 같고[114]
수 면 중 약 산

癡冥爲所弊　그 어리석은 어둠은 괴로운 바이나
치 명 위 소 폐

安臥不計苦　편안히 누워 그 고통 헤아리지 못하나니[115]
안 와 불 계 고

是以常受胎　이에 따라 항상 시초의 싹이 배태되노라.
시 이 상 수 태

10-11

不爲時自恣　때마다 스스로 방자하지 아니하면
불 위 시 자 자

能制漏得盡　능히 단속하여 번뇌가 다함을 얻으리나
능 제 루 득 진

自恣魔得便　스스로 방자하니 악마가 문득 그 틈을 얻으리라.
자 자 마 득 편

---

113 앞 편에 따라 이 편도 4언4행으로 보는 역자(이종기본, 한명숙, 현진)와 4언6행으로
　　보는 역자(이기석)로 나뉜다.

114 못 견디게 졸리는 잠을 마력魔力에 비유해 수마睡魔라고 한다.

115 고苦는 범어 duhkha 번역으로 전생의 악업으로 인해 받는 온갖 신심身心의
　　고통과 번뇌에서 비롯된다. 또한 허상에 대한 집착으로 생긴 결과이어서 그
　　집착에서 벗어남으로써 고통도 해소된다고 한다.

如獅子搏鹿　마치 사자가 사슴을 잡는 것과 같이.
여 사 자 박 녹

10-12

能不自恣者　스스로 방자하지 아니할 수 있는 이는
능 부 자 자 자

是爲戒比丘　바로 계율 지키는 수행자 비구이거늘
시 위 계 비 구

彼思正淨者　그 바르고 깨끗함을 생각하는 이는
피 사 정 정 자

常當自護心　항상 스스로 마음을 지킴이 마땅하도다.
상 당 자 호 심

10-13

比丘謹愼樂　비구가 언행을 삼가 조심하면 즐거우나
비 구 근 신 락

放逸多憂愆　제멋대로 행하면 근심과 허물이 많아지나니
방 일 다 우 건

變諍小致大　작은 다툼이 변해 큰 싸움 불러오듯이
변 쟁 소 치 대

積惡入火焰　악함이 쌓이면 불꽃 속에 들어가리라.
적 악 입 화 염

10-14

守戒福致善　계율을 지키면 복덕이 두텁게 이르나
수 계 복 치 선

犯戒有懼心　계율을 범하면 두려운 마음 있으리니
범 계 유 구 심

能斷三界漏　삼계의 번뇌를 끊을 수 있으면[116]
능 단 삼 계 루

此乃近泥洹　이는 곧 열반에 가까워지리라.[117]
차 내 근 니 원

10-15

若前放逸　만약 이전에 방자했더라도
약 전 방 일

後能自禁　그 후 스스로 막을 수 있노라면
후 능 자 금

是炤世間　바로 세상 밝아지리니
시 소 세 간

念定其宜　고요한 그 마음으로 생각하는 것이 마땅하도다.[118]
염 정 기 의

---

116 삼계三界는 사바세계를 구성하고 있는 세 가지 세계로 삼유三有라고도 한다.
　　이는 욕망과 집착이 가득한 욕계慾界, 욕계와 같은 탐욕은 없으나 미묘한 형체가
　　남아 있는 색계色界, 욕망도 형체도 없는 순수한 정신세계인 무색계無色界이다.
117 니원泥洹은 열반涅槃을 뜻한다.
118 우선 염念은 생각이나 마음 또는 어떤 대상에 대해 집중하여 깨어 있음을
　　뜻한다. 나아가 염정念定은 정염正念과 정정正定을 말한다. 곧 참된 지혜로
　　그릇되지 않은 정도正道를 생각하여 그릇된 생각이 없는 정염正念과 참된 지혜로
　　산란하지 않은 생각에 따라 몸과 마음을 고요히 하여 진리를 증득한 정정正定을
　　뜻한다.

10-16

過失爲惡
과 실 위 악
잘못된 허물로 악함을 행하더라도

追覆以善
추 복 이 선
뒤쫓아 착함으로 덮을지면

是炤世間
시 소 세 간
바로 세상 밝아지리니

念善其宜
염 선 기 의
착한 그 마음으로 생각하는 것이 마땅하도다.

10-17

少壯捨家
소 장 사 가
젊고 씩씩한 장년이 집을 버리고

盛修佛敎
성 수 불 교
부처님 가르침을 훌륭하게 닦노라면

是炤世間
시 소 세 간
곧 세상이 밝아지도다.

如月雲消
여 월 운 소
마치 구름 헤쳐 나온 달과 같이.

10-18

人前爲惡
인 전 위 악
사람이 이전에 악함을 행하였더라도

後止不犯
후 지 불 범
그 후 그치고 함부로 어기지 않을지면

是炤世間
시 소 세 간
곧 세상이 밝아지노라.

如月雲消　마치 구름 헤쳐 나온 달과 같이.
여 월 운 소

10-19

生不施惱　삶을 괴로워하지 아니하고
생 불 시 뇌

死而不慼　죽음도 슬퍼하지 아니하면
사 이 불 척

是見道悍　이에 바른 도 굳건히 깨달을지니[119]
시 견 도 한

應中勿憂　중도에 응하며 근심하지 말지니라.[120]
응 중 물 우

10-20

斷濁黑法　흐리고 그릇된 법을 끊고
단 탁 흑 법

學惟淸白　오로지 맑고 깨끗한 것을 배우면
학 유 청 백

度淵不返　깊은 못 건너 되돌아오지 않을지니
도 연 불 반

棄猗行止　의지함을 버리고 행함도 그치며
기 의 행 지

119 견도見道는 불교의 진리를 확실히 깨닫는 위치로 그 이전은 범부이고 그 이후는
　　성자로 갈린다.
120 중中은 있음과 없음을 떠난 중도中道로 무자성 또는 불이법에 해당된다.

116

不復染樂
불부염락
다시는 쾌락에 물들지 아니하노라면

欲斷無憂
욕단무우
욕심이 멸하고 근심도 없다.

심의품心意品

心意品者
심 의 품 자
심의품의 장에서는[121]

說意精神
설 의 정 신
마음의 정신 작용을 풀어 밝히니

雖空無形
수 공 무 형
비록 형체 없이 비어 있으나

造作無竭
조 작 무 갈
다함 없이 지어 만든다 한다.[122]

---

121 심心은 의식 작용의 본체로 심心, 의意, 식識의 이름을 붙이기도 한다. 즉 온갖
    심리 작용을 쌓아 모으는 마음(心), 일체의 사량 분별 작용을 하는 정신의
    본체로서 의意, 그리고 대상에 대해 인식하는 마음 작용을 식識이라고 한다.
122 심의품은 4언4행의 서두를 비롯하여 총 12편이 모두 4언4행으로 구성되었다.

11-1

意使作狗 의 사 작 구	마음을 개처럼 설치게 하면
難護難禁 난 호 난 금	지키기도 어렵고 막기도 어려우나
慧正其本 혜 정 기 본	지혜로움으로 그 근본을 바르게 하면
其明乃大 기 명 내 대	그 밝은 지혜로움은 마침내 원대하도다.

11-2

輕躁難持 경 조 난 지	경솔하고 조급하여 잡기 어려워도
唯欲是從 유 욕 시 종	오직 욕망만은 이를 따라 좇나니
制意爲善 제 의 위 선	마음을 단속하여 착하게 행하고
自調則寧 자 조 즉 녕	스스로 절제하면 편안하도다.

11-3

意微難見 의 미 난 견	마음은 섬세하고 오묘해서 보기 어려워도
隨欲而行 수 욕 이 행	욕망을 따르고 행하노니
慧常自護 혜 상 자 호	지혜로움으로 항상 스스로 보호하며

能守則安
능 수 즉 안
지킬 수 있으면 편안하도다.

11-4

獨行遠逝
독 행 원 서
홀로 행하며 멀리 가더라도

覆藏無形
부 장 무 형
형체는 없을지언정 마음에 숨겨 간직되나니

損意近道
손 의 근 도
마음을 덜어내고 바른 도에 가까워지면

魔繫乃解
마 계 내 해
악마의 얽매임도 곧 벗어나리라.

11-5

心無住息
심 무 주 식
마음은 머물러 쉬지 않고

亦不知法
역 부 지 법
또한 바른 법을 알지 못하나니

迷於世事
미 어 세 사
세상 일에 어두워 사리 판단 흐리면

無有正智
무 유 정 지
바른 지혜도 있지 아니하니라.

11-6

念無適止
염 무 적 지
생각이 알맞게 그치지 아니하니

不絶無邊
부 절 무 변
끝없이 이어져 끊지 못할지나

福能遏惡
복능알악

복덕이 악함을 막을 수 있다고

覺者爲賢
각자위현

깨달은 이는 어질다 하노라.

11-7

佛說心法
불설심법

부처님께서 마음의 법을 풀어 밝히시며[123]

雖微非眞
수미비진

비록 미세하고 오묘해도 참되지 않다 하시니

當覺逸意
당각일의

마땅히 벗어난 뜻을 바르게 깨닫고

莫隨放心
막수방심

본체 잃은 미혹된 마음을 따르지 말지니라.

11-8

見法最安
견법최안

바른 법을 보면 가장 편안하고

所願得成
소원득성

바라는 것들 이룰 수 있으니

慧護微意
혜호미의

지혜로움으로 깊고 오묘한 마음 지킬지나

斷苦因緣
단고인연

괴로운 인연은 끊을지어다.

---

123 심법心法은 색법色法(물질적 존재)의 반대로 쉽게 말하면 심리현상을 뜻한다.

11-9

有身不久
유신 불구
몸이 있어도 오래지 아니하고

皆當歸土
개 당 귀 토
마땅히 모두 흙으로 돌아가나니

形壞神去
형 괴 신 거
형체는 무너지고 정신도 떠날진대

寄住何貪
기 주 하 탐
잠시 붙어 머물거든 무엇을 탐내리오.

11-10

心豫造處
심 예 조 처
마음이 미리 만든 곳은

往來無端
왕 래 무 단
오고 감이 끝이 없거늘

念多邪僻
염 다 사 벽
그릇되어 치우친 생각이 많노라면

自爲招惡
자 위 초 악
스스로 악함을 부르게 될지니라.

11-11

是意自造
시 의 자 조
이러한 마음은 스스로 만들고

非父母爲
비 부 모 위
부모가 만든 것이 아니거늘

可勉向正
가 면 향 정
바른 마음 향해 힘쓸 수 있으면

爲福不廻 복덕 이루기를 회피하지 말지니라.
위 복 불 회

11-12

藏六如龜 육근 감추기를 거북이같이 하고[124]
장 육 여 구

防意如城 마음 지키기를 성 지키듯 하면
방 의 여 성

慧與魔戰 그 지혜로움은 악마와 더불어 싸워도
혜 여 마 전

勝則無患 물리쳐 이기리니 곧 근심도 없을지어다.
승 즉 무 환

---

124 육근六根은 번뇌의 근본이 되는 여섯 뿌리인 안眼, 이耳, 비鼻, 설舌, 신身, 의意로
외계의 자극이 이들을 통해 들어오기 때문에 육문六門 혹은 육입六入이라고도
한다.

12

화향품華香品

華香品者 화향품자	화향품의 장에서는
明學當行 명학당행	배우고 마땅히 실행함을 밝히니
因華見實 인화견실	꽃으로 인해 열매를 맺으며
使僞反眞 사위반진	거짓됨이 진실됨으로 되돌려진다 한다.[125]

---

125 화향품은 4언4행의 서두 외 총 17편이 모두 4언4행으로 구성되었다.

12-1

孰能擇地 숙 능 택 지	누가 능히 땅을 가려 고르며
捨鑑取天 사 감 취 천	지난 일 경계할 곳 버리고 천계를 찾으리오.[126]
誰說法句 수 설 법 구	누가 부처님 가르침을 풀어 밝히며
如擇善華 여 택 선 화	좋은 꽃 가려 고르는 것 같이 하리오.

12-2

學者擇地 학 자 택 지	배운 이가 땅을 가려 고르며
捨鑑取天 사 감 취 천	지난 일 경계할 곳 버리고 천계를 찾으리나
善說法句 선 설 법 구	착한 이는 부처님 가르침 풀어 밝히며
能採德華 능 채 덕 화	바르게 잘 자란 꽃 채집할 수 있으리라.

---

126 천天은 상제上帝 곧 천신의 뜻이 있으며 인간 세계보다 나은 과보를 받는 욕계천, 색계천, 무색계천에 대한 총칭으로서 천계를 말한다.

12-3

知世坏喩 지 세 배 유	세상이 흙덩이에 비유된 것을 알면
幻法忽有 환 법 홀 유	허깨비 같은 형상들 홀연 있나니[127]
斷魔華敷 단 마 화 부	악마의 꽃이 널리 피는 것을 끊을지면
不覩生死 부 도 생 사	태어나고 죽는 것을 보지 않으리라.[128]

12-4

見身如沫 견 신 여 말	몸이 물거품 같다고 보면
幻法自然 환 법 자 연	허깨비 같은 형상들도 자연스럽나니
斷魔華敷 단 마 화 부	악마의 꽃이 널리 피는 것을 끊을지면
不覩生死 부 도 생 사	태어나고 죽는 것을 보지 않으리라.

---

127 환幻은 실체가 아닌 가상假相으로 일체의 사상事相은 인연으로 얽혀 있어서
실체가 없음을 뜻한다. 또한 법法은 일반적으로 법, 형벌, 떳떳함 외에 형상,
가사, 장삼의 뜻이 있다. 불교에서 원천적으로 실제 어떤 모양이나 이름이
없다고 보나 설명 상 존재, 이법, 교법으로 나누어진다.

128 생사生死는 윤회輪迴라고도 번역된다. 곧 생사윤회는 죽음과 삶의 끝없는 업보를
말한다.

12-5

身病則萎
신 병 즉 위
몸이 병들면 쇠약해지니

若華零落
약 화 영 락
시들어 떨어지는 꽃과 같으며

死命來至
사 명 내 지
다한 목숨 다가와 이르리니

如水湍驟
여 수 단 취
마치 휘몰아치는 여울물과 같으니라.

12-6

貪欲無厭
탐 욕 무 염
탐욕스러움을 꺼리며 싫어하지 아니하면

消散人念
소 산 인 염
사람의 생각들을 흩어 사라지게 하나니

邪致之財
사 치 지 재
그릇되게 이르른 재물들은

爲自侵欺
위 자 침 기
스스로를 속이고 침해하게 되노라.

12-7

如蜂集華
여 봉 집 화
마치 꽃들에 모인 꿀벌과 같이

不嬈色香
불 요 색 향
모양과 향기는 어지럽히지 않고

但取味去
단 취 미 거
다만 맛만 거두어 갈 뿐이니

仁入聚然
인 입 취 연
어진 이가 마을에 들어가는 것도 그러하노라.

12-8

不務觀彼
불 무 관 피
남을 자세히 살피기에 힘쓰지 말고

作與不作
작 여 부 작
무엇을 하거나 하지 아니하거나

常自省身
상 자 성 신
항상 자기 스스로를 살피며

知正不正
지 정 부 정
바른지 바르지 아니한지를 알지어다.

12-9

如可意華
여 가 의 화
마치 마음에 드는 꽃이

色好無香
색 호 무 향
색깔은 좋으나 향기가 없는 것같이

工言如是
공 언 여 시
공교로운 말도 이와 같아서

不行無得
불 행 무 득
행하지 아니하면 얻는 것이 없도다.

12-10

如可意華
여 가 의 화
마치 마음에 드는 꽃이

色美且香
색 미 차 향
색깔이 아름답고 또 향기로운 것같이

工言有行
공언유행
공교로운 말은 행함이 있어야

必得其福
필득기복
반드시 그 복덕을 얻는다.

12-11

多作寶花
다작보화
아름다운 꽃을 많이 키우면

結步搖綺
결보요기
걸음마다 맺은 결실 비단처럼 흔들리며 빛나거늘

廣積德者
광적덕자
은덕을 널리 쌓은 이는

所生轉好
소생전호
태어나는 곳마다 좋게 변하리라.

12-12

奇草芳花
기초방화
진기한 풀과 아름다운 꽃이

不逆風熏
불역풍훈
바람을 거스르면 향기를 풍기지 못하나

近道敷開
근도부개
바른 도 가까이하면 만개하듯 널리 퍼지리니

德人逼香
덕인핍향
덕 있는 이들이 그 향기에 가깝도다.

12-13

栴檀多香
전 단 다 향
전단나무는 향기가 매우 짙고

青蓮芳花
청 련 방 화
푸른 연꽃은 아름답게 피어나니

雖曰是眞
수 왈 시 진
비록 이들이 참되다 말할지라도

不如戒香
불 여 계 향
계율의 향기만 같지 못하도다.

12-14

華香氣微
화 향 기 미
꽃향기의 기운이 미약하여

不可謂眞
불 가 위 진
참되다 이를 수 없을지라도

持戒之香
지 계 지 향
계율 지킨 이들의 향기는

到千殊勝
도 천 수 승
뛰어나게 훌륭하여 하늘에 이르리라.

12-15

戒具成就
계 구 성 취
계율을 갖추면 소원을 이루고

行無放逸
행 무 방 일
방자함이 없이 행하면

定意度脫
정 의 도 탈
마음이 안정되어 저 너머로 벗어나리니

長離魔道
장 리 마 도   마왕의 길에서 길이 벗어나리라.

12-16

如作田溝
여 작 전 구   만약 파놓은 밭도랑이

近于大道
근 우 대 도   큰 길에 가깝더라도

中生蓮華
중 생 연 화   그 가운데 연꽃이 피어나면[129]

香潔可意
향 결 가 의   향기롭고 정결하여 마음에 드노라.

12-17

有生死然
유 생 사 연   삶과 죽음에도 그러함 있나니

凡夫處邊
범 부 처 변   번뇌 얽매인 범부 사는 변방에서

慧者樂出
혜 자 낙 출   지혜로운 이들이 기꺼이 출가하면

爲佛弟子
위 불 제 자   부처님 제자 되노라.

129 연꽃은 불교의 상징인 동시에 더럽혀지지 않는 중생의 불성佛性을 뜻한다.

우암품愚闇品

愚闇品者 우 암 품 자	우암품의 장에서는
將以開矇 장 이 개 몽	장차 어리석음 열어 일깨우려고
故陳其態 고 진 기 태	일부러 그 모습 펼치어
欲使闚明 욕 사 규 명	밝음을 엿보게 하고자 한다.[130]

---

[130] 우암품은 4언4행의 서두 외 총 21편 중 제1편에서 제16편까지 16편이 모두 4언4행이며 나머지 제17편에서 제21편까지 5편은 5언4행으로 구성되었다.

13-1

不寐夜長
불매야장
잠을 못 이루면 밤이 길고

疲倦道長
피권도장
피로하고 지리하면 길이 멀거늘

愚生死長
우생사장
어리석으면 삶과 죽음이 기나니

莫知正法
막지정법
모두 바른 법 알지 못해서이니라.

13-2

癡意常冥
치의상명
어리석은 마음은 항상 어둠에 싸이어

逝如流川
서여유천
지나감이 마치 흐르는 냇물과 같거늘

在一行彊
재일행강
홀로 있다 해도 굳세게 행할지언정

獨而無偶
독이무우
외롭다고 그와 벗하지 말지니라.

13-3

愚人著數
우인착수
어리석은 이는 셈에 집착하니

憂慼久長
우척구장
근심과 슬픔이 오래도록 길거늘

與愚居苦
여우거고
어리석은 이와 더불어 살다가 괴로워지면

於我猶怨
어아유원
나 자신에게 오히려 원망하게 되노라.

13-4

有子有財
유자유재
자식이 있고 재물이 있으면

愚惟汲汲
우유급급
어리석은 이는 오로지 이들만으로 분주하리나

我且非我
아차비아
나 또한 내가 아니라 하거든[131]

何憂子財
하우자재
어찌 자식과 재물을 근심하겠는가.

13-5

暑當止此
서당지차
덥다고 마땅히 이에 머물고

寒當止此
한당지차
춥다고 마땅히 이에 머문다 하며

愚多務慮
우다무려
어리석은 이는 힘써 많은 염려를 하나

莫知來變
막지내변
다가올 변화는 미처 알지 못하니라.

---

131 아我는 주재主宰, 자아自我, 신체身體의 뜻으로 자기 주관의 중심이다. 불교에서
이를 실아實我, 가아假我, 진아眞我로 나눈다.

13-6

愚矇愚極
우 몽 우 극
어리석어서 지극히 사리에 어두워도

自謂我智
자 위 아 지
스스로 나는 지혜롭다 이르나니

愚而勝智
우 이 승 지
어리석으면서도 지혜가 뛰어나다 하면

是謂極愚
시 위 극 우
이를 지극히 어리석다 이른다.

13-7

頑闇近智
완 암 근 지
어리석고 완고한 이가 지혜로운 이를 가까이함은[132]

如瓢斟味
여 표 짐 미
표주박에 담긴 물건 맛 짐작하는 것과 같나니

雖久狎習
수 구 압 습
비록 오랫동안 가까이에서 친하며 익힐지라도

猶不知法
유 부 지 법
오히려 바른 법 알지 못하니라.

13-8

開達近智
개 달 근 지
막힘없이 통달한 이가 지혜로운 이 가까이함은

如舌嘗味
여 설 상 미
마치 혀로 맛을 보는 것과 같나니

---

132 이기석, 이종기본, 한명숙은 완頑으로 표기했으나 이동현은 우愚로 표기했다.

雖須臾習 비록 잠깐 동안 익힐지라도
수 수 유 습

卽解道要 곧 바른 도의 중요한 핵심을 깨닫노라.
즉 해 도 요

13-9

愚人施行 어리석은 이가 실제 한 행동은
우 인 시 행

爲身招患 몸에 근심을 불러오게 되리니
위 신 초 환

快心作惡 흔쾌한 마음으로 악행을 짓노라면
쾌 심 작 악

自致重殃 스스로 무거운 재앙을 부르리라.
자 치 중 앙

13-10

行爲不善 행함이 바르지 아니하게 되면
행 위 불 선

退見悔恪 물러나 후회하고 한탄하게 되리니
퇴 견 회 린

致涕流面 얼굴에 눈물 흐르게 되노라면
치 체 류 면

報由宿習 과거 행한 습성에 연유한 과보이니라.
보 유 숙 습

13-11

行爲德善 행 위 덕 선	행함을 덕스럽고 바르게 하면
進覩歡喜 진 도 환 희	나아가 아주 기쁘고 즐거운 일 보리니
應來受福 응 래 수 복	복덕 받는 응보로 돌아오면
喜笑悅習 희 소 열 습	그 즐거운 습성에 웃으며 기뻐하노라.

13-12

過罪未熟 과 죄 미 숙	지난 죄 아직 익지 아니했다 여기고
愚以恬淡 우 이 염 담	어리석은 이는 생각 없이 편안하나
至其熟處 지 기 숙 처	그 죄 무르익어 그칠 때 이르면
自受大罪 자 수 대 죄	스스로 큰 죄 받을지어다.

13-13

愚所望處 우 소 망 처	어리석은 이가 바라고 처리하는 바에
不謂適苦 불 위 적 고	고통이 따른다 이르지 아니할지라도
臨墮厄地 임 타 액 지	재액이 떨어지는 곳에 이를지면

乃知不善　　마침내 바르지 아니함을 알리라.
내 지 불 선

13-14

愚惷作惡　　어리석고 아둔하면 악행을 지어도
우 준 작 악

不能自解　　스스로 깨달을 수 없거늘
불 능 자 해

殃追自焚　　재앙이 뒤쫓아 스스로를 불태울지면
앙 추 자 분

罪成熾燃　　그 죄가 마치 불 지른 듯 활활 타오르리라.
죄 성 치 연

13-15

愚好美食　　어리석어서 맛있는 음식을 좋아하고
우 호 미 식

月月滋甚　　다달이 더욱 더 심해지리니
월 월 자 심

於十六分　　십육으로 나눈 중에서[133]
어 십 육 분

未一思法　　바른 법을 하나도 생각하지 아니한다.
미 일 사 법

---

133 이기석(1983년)에 의하면 진언종眞言宗이나 밀교密教에서는 16의 수를 만수滿數
로 본다고 한다.
　　한편 금강처럼 견고하다는 뜻인 금강승金剛乘은 진언 밀교의 다른 이름으로
진언승眞言乘이라고도 한다. 특히 고도의 의식 훈련에 기초한 심리적 방법이
특징이며 티베트가 그 종주국이라고 한다.

13-16

愚生念慮 우 생 념 려	어리석어서 근심하는 마음 일어나면
至終無利 지 종 무 리	마지막까지 이로움 없거늘
自招刀杖 자 초 도 장	찌르고 매 맞는 아픔을 스스로 불러들이나니
報有印章 보 유 인 장	그 과보 도장 새기듯 표명되리라.

13-17

觀處知其愚 관 처 지 기 우	사는 것 살피면 그 어리석음을 아니
不施而廣求 불 시 이 광 구	베풀지 아니하고 널리 구하며
所墮無道智 소 타 무 도 지	바른 도와 지혜로움 없는 곳에 빠지나니
往往有惡行 왕 왕 유 악 행	이따금 악한 행함이 있도다.

13-18

遠道近欲者 원 도 근 욕 자	바른 도 멀리하고 탐욕을 가까이하는 이는
爲食在學名 위 식 재 학 명	먹을 것을 위해 배움은 이름 떨치기에 있나니[134]

134 명색名色은 허망한 이름과 형상으로 일체의 정신적 · 물질적 존재를 말한다.

貪猗家居故　함께 사는 가족 때문에 더욱 탐내며
탐 의 가 거 고

多取供異姓　다른 일가에게 베푼다고 많이 거두느니라.
다 취 공 이 성

13-19

學莫墮二望　배움으로 두 가지 욕망에 떨어지지 말지니
학 막 타 이 망

莫作家沙門　수행자 사문은 집을 이루지 말아야 할진대
막 작 가 사 문

貪家違聖敎　세속 집 탐내고 부처님 가르침 거스르면
탐 가 위 성 교

爲後自匱乏　후일 스스로 모자라고 부족한 이 되니라.
위 후 자 궤 핍

13-20

此行與愚同　이러한 행함은 어리석은 이와 같아서
차 행 여 우 동

但令欲慢增　단지 욕심과 교만함만 더하게 될 뿐이니
단 령 욕 만 증

利求之願異　이로움 구하는 바람이 다르면
이 구 지 원 이

求道意亦異　바른 도 구하는 마음 또한 다르도다.
구 도 의 역 이

─────

이른바 나를 구성하고 있는 총체인 오온五蘊(색色, 수受 상想, 행行, 식識)은 일체의
정신적·물질적 존재의 오음소五陰素로 이로부터 일체의 번뇌 망상이 전개된다
고 한다.

13-21

是以有識者　이에 따라 식견 있는 이는[135]
시 이 유 식 자

出爲佛弟子　세속 떠나 부처님 제자 되나니[136]
출 위 불 제 자

棄愛捨世習　애욕을 버리고 세상 습속을 버리면
기 애 사 세 습

終不墮生死　마침내 삶과 죽음의 윤회에 떨어지지 않으리라.
종 불 타 생 사

---

[135] 식識은 대상을 인식하는 마음 작용이다. 또한 인식認識은 사물을 감지하여 그 의의를 분별하고 판단하는 마음 작용이다. 나아가 깨달은 마음인 의식意識은 대상을 총괄하여 판단하고 분별하는 마음 작용으로 이 의식에 의해 아는 것이 지智이다. 한편 모양이나 빛깔 등을 분별하는 작용인 안식眼識은 곧 사물의 진가를 알아내는 힘 또는 그러한 안목이나 식견으로 그 안식에 의해 아는 것이 바로 견見이다.

[136] 출가出家는 세속의 집을 버리고 불도佛道의 수행에 들어가는 것으로 이와 비슷한 출세出世는 세속을 떠나 불도佛道 수행에 들어가는 것 외에 속세에 나아가 세상 사람들을 교화하는 것도 뜻한다.

명철품明哲品

明哲品者 명 철 품 자	명철품의 장에서는
擧智行者 거 지 행 자	지혜롭게 행하는 이에게 말하기를
修福進道 수 복 진 도	복덕을 닦으며 바른 도에 나아가고
法爲明鏡 법 위 명 경	바른 법을 밝은 거울로 삼아야 함을 말한다.[137]

---

[137] 명철품은 4언4행의 서두 외 총 16편으로 구성되었다. 그중 제1편이 4언8행으로 구성되었고 제2편부터 제8편까지 그리고 제12편부터 제15편까지 모두 11편이 4언4행으로 구성되었으며 마지막 제16편은 4언6행으로 구성되었다. 그 외 나머지 3편 즉 제9편, 제10편, 제11편은 5언4행으로 구성되었다.

한편 제1편은 4언8행(김달진, 이종기본)이나 4언4행(이기석, 한명숙)으로도 구성되었다. 문장 흐름상 4언8행도 자연스러우나 기존의 구성 방법에 비추어 볼 때 4언4행으로 나누는 것이 일반적이라고 보아 교정자에 의해 총 17편이 되었다. 따라서 제1편부터 제9편까지 그리고 제13편부터 제16편까지 모두 13편이 4언4행이며 마지막 제17편은 4언6행으로 구성되었다. 그리고 나머지 3편인 제10편, 제11편, 제12편은 5언4행으로 구성되었다.

14-1

深觀善惡 심 관 선 악	착함과 악함을 깊이 살피면
心知畏忌 심 지 외 기	마음이 두려워하고 꺼리는 것을 아나니
畏而不犯 외 이 불 범	두려워하며 범하지 아니하면
終吉無憂 종 길 무 우	마침내 기쁘고 근심이 없도다.

14-2

故世有福 고 세 유 복	때문에 세상에 복된 이 있으니
念思紹行 염 사 소 행	마음의 생각을 그 행함으로 이어서
善致其願 선 치 기 원	그 바라는 소망이 잘 이를지면
福祿轉勝 복 록 전 승	복덕도 더 나아지게 되리라.

14-3

信善作福 신 선 작 복	복덕을 참되게 많이 지으면
積行不厭 적 행 불 염	행함이 쌓이어도 싫어하지 아니하나니
信知陰德 신 지 음 덕	숨은 덕행임을 알고 믿노라면

久而必彰　　오래 될지언정 반드시 드러난다.
구 이 필 창

14-4

常避無義　　항상 의리 없는 이를 피하고
상 피 무 의

不親愚人　　어리석은 이는 가까이하지 말지니
불 친 우 인

思從賢友　　어진 벗 따라 생각하노라면
사 종 현 우

押附上士　　뛰어난 이들이 가까이 따른다.[138]
압 부 상 사

14-5

喜法臥安　　바른 법 좋아하면 누운 듯 편안하고
희 법 와 안

心悅意淸　　마음이 즐거워 뜻도 맑아지거늘
심 열 의 청

聖人演法　　성인께서 널리 펴신 바른 법이시나니
성 인 연 법

慧常樂行　　지혜로움으로 항상 즐겨 행할지어다.
혜 상 락 행

---

138 상사上士는 일반적으로 윗사람을 가리키나 선비 가운데 어진 이나 뛰어난 이를
　　말한다. 또한 불교에서 자신과 타인 모두 구제하려고 노력하는 보살菩薩을
　　뜻한다.

14-6

仁人智者 인인지자	어진 사람과 지혜로운 이는
齋戒奉道 재계봉도	삼가 계율을 지키며 바른 도 받드나니
如星中月 여성중월	마치 별들 가운데 뜬 달같이
照明世間 조명세간	세상을 밝게 비춘다.

14-7

弓工調角 궁공조각	활 만드는 장인은 뿔을 고르고
水人調船 수인조선	뱃사공은 배를 다루며
材匠調木 재장조목	재목 다루는 장인은 나무를 고르나
智者調身 지자조신	지혜로운 이는 자신을 다룬다.

14-8

譬如厚石 비여후석	비유하여 마치 무겁게 큰 돌은
風不能移 풍불능이	바람도 옮길 수 없는 것처럼
智者意重 지자의중	지혜로운 이는 마음의 뜻을 무겁게 여기나니

毀譽不傾　비방과 칭찬에 기울지 말지니라.
훼예불경

14-9

譬如深淵　비유하여 마치 깊은 못이
비여심연

澄靜淸明　맑고 고요하며 투명하게 깨끗한 것처럼
징정청명

慧人聞道　지혜로운 이가 바른 도 듣고 배우면
혜인문도

心淨歡然　그와 같이 마음이 깨끗하고 기꺼워진다.
심정환연

14-10

大人體無欲　덕 높은 이가 욕심 없음을 체득하면[139]
대인체무욕

在所照然明　머무는 곳마다 비친 모습 밝으리니
재소조연명

雖或遭苦樂　혹 괴로움이나 즐거움에 비록 부딪히더라도
수혹조고락

不高現其智　그 지혜로움 높이 드러내지 아니하도다.
불고현기지

---

139 무욕無欲은 바람과 욕심이 없는 것으로 삼해탈문三解脫門의 하나이다. 즉 해탈에
　이르는 세 가지 문 또는 방법으로 첫째는 객관적으로 볼 때 일체 실체가 없다는
　공空 둘째는 상대적 차별이 없다는 무상無相 셋째는 일체 바라고 구할 것이
　없다는 무원無願 혹은 무작無作 혹은 무위無爲와 통한다.

14-11

大賢無世事 대 현 무 세 사	크게 현명한 이는 세상일에 바람이 없으니
不願子財國 불 원 자 재 국	자손과 재물과 나라도 바라지 아니하고
常守戒慧道 상 수 계 혜 도	항상 계율과 지혜로움과 바른 도 지키나니
不貪邪富貴 불 탐 사 부 귀	그릇된 재물과 존귀한 지위를 탐내지 아니한다.

14-12

智人知動搖 지 인 지 동 요	지혜로운 이는 흔들리고 움직이는 것을 아니
譬如沙中樹 비 여 사 중 수	비유하여 마치 모래 가운데 선 나무와 같이
朋友志未强 붕 우 지 미 강	뜻이 굳세지 아니한 벗은
隨色染其素 수 색 염 기 소	빛깔에 따라 그 바탕이 물들게 된다.

14-13

世皆沒淵 세 개 몰 연	세상 모든 이들이 깊은 못에 빠지면
鮮剋度岸 선 극 도 안	저 언덕 이르는 이 아주 드무나니
如或有人 여 혹 유 인	만약 혹 그러한 사람 있을지라도

欲度必奔　반드시 건너려는 욕심에 서둘기만 하니라.
욕 도 필 분

14-14

誠貪道者　진실로 바른 도를 욕심내는 이는
성 탐 도 자

覽受正教　바른 가르침을 두루 보고 받으리니
남 수 정 교

此近彼岸　이에 저 언덕 가까워지노라면
차 근 피 안

脫死爲上　죽음 벗어나 최상이 될지니라.
탈 사 위 상

14-15

斷五陰法　오음의 법을 끊으면[140]
단 오 음 법

靜思智慧　고요히 지혜롭게 생각하리니
정 사 지 혜

不反入淵　깊은 못에 들어감을 돌이키어
불 반 입 연

---

140 오음五陰은 오온五蘊과 같으며 색色, 수受, 상想, 행行, 식識을 말한다. 또한
　　앞서 말한 바와 같이 "나"라는 것을 구성하고 있는 정신적, 물질적 오음소五陰素를
　　말한다. 그중 색온은 생멸하고 변화하는 육신이나 물질세계이며 나머지 수,
　　상, 행, 식온은 정신세계이다. 그중 수온은 감정으로 고苦, 낙樂, 사捨 곧 삼수三受
　　의 감각이 있으며 상온은 지각으로 사물을 알아차리는 작용이다. 또한 행온은
　　선악에 관한 일체의 의지적 작용이며 식온은 눈, 코, 귀 등 육근의 감각과
　　마음 자체를 통해 알아차린 대상을 분별하고 인식하는 마음 작용이다.

棄猗其明　그 밝음 길이 버리지 말지어다.
기 의 기 명

14-16

抑制情欲　탐내고 집착하는 마음 누르고 막으면
억 제 정 욕

絶樂無爲　함이 없이 참된 그대로를 극진히 즐기거늘
절 락 무 위

能自拯濟　스스로 건지어 구제할 수 있다면
능 자 증 제

使意爲慧　그 마음이 지혜로워진 때문이니라.
사 의 위 혜

14-17

學取正智　배워서 바른 지혜 얻으면
학 취 정 지

意惟正道　오로지 바른 도만 생각하나니
의 유 정 도

一心受諦　한마음으로 변함없는 진리 받으며[141]
일 심 수 제

不起爲樂　욕심 일으키지 않음을 즐거움 삼노라면
불 기 위 락

---

141 제諦는 진실한 도리 또는 불변의 진리를 뜻하며 영원히 변하지 않는 네 가지
진리를 사성제四聖諦 혹은 사제四諦라 한다. 이는 부처가 깨달음을 얻은 후
처음 가르친 교리 중 하나로 미혹한 세계의 과보를 고苦로 돌린 고성제苦聖諦,
고는 집착에서 온다는 집성제集聖諦, 아집과 현상에 대한 소멸의 멸성제滅聖諦,
소위 팔정도八正道를 지켜 깨달음에 이르는 도성제道聖諦 등이 있다.

漏盡習除　습관을 없애어 번뇌도 다하리니[142]
누진 습 제

是得度世　바로 세상 건너 열반에 이를지어다.
시 득 도 세

---

142 습習은 습관 또는 습기習氣(반복된 행위의 원인이 되거나 결과로 나타난 기운)를
　　말하며 업業의 흔적이기도 하다. 곧 행行함의 잠재 또는 성향이며 이러한 습기가
　　장식藏識(아뢰야식, 8식) 중에 머물면 종자種子(습기의 별명), 종지種智(위없는 부처님
　　지혜), 근본지根本智(모든 지혜의 근본, 참지혜)라 하고 그 종지가 성숙하면 이숙異熟
　　으로 나타나 이를 인과응보因果應報라고 한다.

나한품羅漢品

羅漢品者
나 한 품 자

나한품의 장에서는

言眞人性
언 진 인 성

진리 깨달은 이의 성품을 말하니[143]

脫欲無著
탈 욕 무 착

욕심을 벗어나 집착함이 없으면

心不渝變
심 불 투 변

마음이 오염되는 변화도 없다 한다.[144]

---

[143] 진인眞人은 사제四諦의 진리를 깨달은 이로 아라한阿羅漢을 말하며 나한이라고도
한다. 또한 존경받을 만한 분이라는 뜻의 아라한은 소승불교의 교법을 수행하는
성문聲聞 사과四果 중 가장 높은 최고의 경지라고 하며 또한 부처님의 열 가지
이름 중 하나라고도 한다. 아울러 성문은 부처님 교법에 의지해 아라한에
오르는 것을 이상으로 여기는 수행자를 말한다.

[144] 나한품은 4언4행의 서두 외 총 11편이 모두 4언4행으로 구성되었다.

15-1

去離憂患 거 리 우 환	근심과 괴로움 버리고 떠나면
脫於一切 탈 어 일 체	모든 것에서 벗어나거늘
縛結已解 박 결 이 해	결박된 번뇌에서 이미 풀릴지니
冷而無煖 냉 이 무 유	차고 따뜻한 온기 없으매 궁극이도다.[145]

15-2

心淨得念 심 정 득 념	마음 깨끗이 하고 생각에 들면
無所貪樂 무 소 탐 락	즐겨 탐내는 것이 없어지나니
已度癡淵 이 도 치 연	이미 어리석음 가득한 깊은 못을 건너도다.

---

[145] 3행의 결박結縛은 얽어매는 또는 두 손을 묶는다는 뜻이며 불교에서 번뇌煩惱를 가리킨다.

한편 4행의 비유는 번역자들에 의해 여러 가지로 해석된 부분이다. 유추하면 냉冷(찬, 맑은, 동정심 없는)과 유煖(따뜻할, 불사를, 따뜻한 온溫과 같다고 하여 이는 익힐 습習과 연계되기도 한다)가 대비되나 '무유無煖'가 대등하게 배치되어 실제 같은 의미가 강조되었다고 볼 수 있다. 이를 바탕으로 먼저 '차고 온기가 없다'는 직역에서 단순하게 이미 현실적인 생이 다한 모습이 연상될 수 있다. 결국 1행에서 4행까지 진행된 과정을 보면 곧 육근에서 비롯된 온갖 번뇌를 없애고 분별하는 슬기를 떠나 육신이 다한 상태에서 완전한 정적靜寂의 경지인 무여열반無餘涅槃의 경지임을 짐작할 수 있다.

如鴈棄池
여 안 기 지
마치 기러기가 연못 버리고 떠난 것과 같이.

15-3

量腹而食
양 복 이 식
먹을 배 헤아려 음식을 먹으면

無所藏積
무 소 장 적
저장해 쌓아둘 것이 없을지니

心空無想
심 공 무 상
바라는 생각 없어 마음을 비우노라면

度衆行地
도 중 행 지
행함이 있는 모든 곳을 건너리라.

15-4

如空中鳥
여 공 중 조
마치 허공을 날으는 새가

遠逝無礙
원 서 무 애
멀리 날아가면 저해 받지 않는 것과 같이

世間習盡
세 간 습 진
세상에서 익힌 습관이 다하면

不復仰食
불 부 앙 식
다시는 먹을 것에 집착해 쳐다보지 아니한다.

15-5

虛心無患
허 심 무 환
마음을 비우고 근심이 없으면

已到脫處
이 도 탈 처
이미 해탈의 경지에 이를지니

譬如飛鳥   비유하여 마치 날고 있는 새가
비여비조

暫下輒逝   잠시 내려왔다 문득 날아가는 것과 같도다.
잠하첩서

15-6

制根從止   육근을 제어하면 이를 따라 그치니
제근종지

如馬調御   마치 말을 길들여 거느린 것과 같거늘
여마조어

捨憍慢習   교만하고 게으른 습관을 버리면
사교만습

爲天所敬   하늘이 공경하는 바 되니라.
위천소경

15-7

不怒如地   성내지 아니함이 대지와 같고
불노여지

不動如山   흔들리지 아니함이 태산과 같으면
부동여산

眞人無垢   진리 깨달은 이는 더러움 없이[146]
진인무구

生死世絶   삶과 죽음 있는 세상과의 인연을 그치리라.[147]
생사세절

---

146 무구진여無垢眞如는 열반涅槃에 대한 다른 표현으로 더러움 없는 실체 혹은 절대적 진리를 뜻한다.

147 생사生死는 범어 samsara의 번역으로 윤회輪迴라고도 번역하며 아울러 생사윤회는 삶과 죽음의 끝없는 업보를 뜻한다.

15-8

心已休息 심 이 휴 식	마음이 이미 고요하고 편안하면
言行亦正 언 행 역 정	말과 행동 또한 바를지니
從正解脫 종 정 해 탈	벗어나 열반에 나아갈 바른 도 따를지면
寂然歸滅 적 연 귀 멸	고요히 부처님께 돌아가 깨달을지어다.[148]

15-9

棄欲無著 기 욕 무 착	욕심을 버리고 집착함이 없으니
缺三界障 결 삼 계 장	삼계의 장애를 이지러뜨리고[149]
望意已絶 망 의 이 절	바라는 마음 또한 이미 끊을지면
是謂上人 시 위 상 인	이를 덕 높은 이라 이른다.[150]

---

148 멸滅은 열반을 뜻하는 적정寂靜, 멸정滅淨, 적멸寂滅(사성제 중 셋째), 멸상滅相, 깨달음의 경지를 뜻한다. 또한 귀歸는 불교에서 귀명歸命(따르고 복종함) 곧 삼보三寶에 돌아가 몸과 마음을 불교에 의지한다는 뜻과 귀의歸依(돌아가 의지함) 곧 부처를 따르고 불교를 우러러 믿는다는 뜻이 있다.

149 삼계三界는 삼유三有라고도 하며 사바세계娑婆世界를 구성하고 있는 세 세계로 이 안에서 천상부터 지옥까지 육도六道 윤회가 일어난다. 곧 욕망과 집착이 가득한 욕계慾界, 욕계와 같은 탐욕은 없으나 미묘한 형체가 남아 있는 색계色界, 욕망도 형체도 없는 순수한 정신세계인 무색계無色界를 말한다.

150 상인上人은 일반적으로 훌륭한 사람, 어른, 주인 등을 뜻하나 지혜와 덕을

15-10

在聚若野
재 취 약 야
고을에 있거나 들에 있거나

平地高岸
평 지 고 안
평지이거나 높은 언덕이거나

應眞所過
응 진 소 과
진리에 응한 이들이 지나는 곳에는

莫不蒙祐
막 불 몽 우
도움을 받지 않은 이들이 없다.

15-11

彼樂空閑
피 락 공 한
그가 텅 빈 고요함을 즐기니

衆人不能
중 인 불 능
평범한 이들은 할 수 없을진대

快哉無望
쾌 재 무 망
좋구나. 바라는 것이 없으매

無所欲求
무 소 욕 구
욕심내어 구하는 것이 없도다.

갖춘 큰 스님에 대한 존칭이기도 하다.

16

술천품述千品

述天品者 술 천 품 자	술천품의 장에서는
示學者徑 시 학 자 경	배우는 이에게 방법을 가르쳐 보이니
多而不要 다 이 불 요	두루 많이 배워도 중요한 요소 얻지 못하면
不如約明 불 여 약 명	간단히 줄이어 명확히 아는 것만 못하다 한다.[151]

---

[151] 술천품은 4언4행의 서두 외에 총 16편으로 구성되었다. 그중 제1편부터 제6편까지 6편이 4언4행이고 제7편과 제8편 등 2편이 4언6행이며 나머지 제9편부터 제16편까지 8편은 모두 5언4행으로 구성되었다.

16-1

雖誦天言 수 송 천 언	비록 천 마디 말을 읽고 외우더라도
句義不正 구 의 부 정	글귀의 뜻이 바르지 아니하면
不如一要 불 여 일 요	한 마디의 중요한 이치를
聞可滅意 문 가 멸 의	듣고 가히 마음의 생각을 없애는 것만 못하다.[152]

16-2

雖誦天言 수 송 천 언	비록 천 마디 말을 읽고 외우더라도
不義何益 불 의 하 익	바른 뜻 아니면 무슨 유익함 있겠는가.
不如一義 불 여 일 의	한 마디의 옳은 도리를
聞行可度 문 행 가 도	듣고 행하여 가히 저 너머로 건너는 것만 못하다.

---

[152] 일반적으로 뜻, 생각, 의리, 형세의 뜻인 의意는 대상을 사량思量하는 정신의
본체이다. 한편으로는 마음(心)을 심心, 의意, 식識으로 나누어 온갖 심리작용(심),
일체의 사량분별(의), 모든 인식작용(식)으로 구분되기도 한다.

16-3

雖多誦經 수 다 송 경	비록 경전을 많이 읽고 외우더라도
不解何益 불 해 하 익	깨닫지 아니하면 무슨 유익함 있겠는가.
解一法句 해 일 법 구	한 마디의 경전 구절이라도 깨닫고
行可得道 행 가 득 도	행하면 바른 도 얻을 수 있도다.

16-4

千千爲敵 천 천 위 적	백만 인을 적으로 삼은
一夫勝之 일 부 승 지	한 장부가 이들을 이길지라도
未若自勝 미 약 자 승	스스로를 이기는 것만 같지 못하리니
爲戰中上 위 전 중 상	이것이 싸움 중 으뜸이기 때문이다.

16-5

自勝最賢 자 승 최 현	스스로를 이기는 이가 가장 어질고 밝으니
故曰人雄 고 왈 인 웅	그러한 이유로 인간 영웅이라 이르거늘
護意調身 호 의 조 신	뜻 품어 지키고 몸 맞게 조절할진대

自損至終
자 손 지 종
다할 때까지 스스로 덜어낼지어다.

16-6

雖曰尊天
수 왈 존 천
비록 하늘에서 높이 받든다 이르는

神魔梵釋
신 마 범 석
천신과 마왕과 범천과 제석이라도

皆莫能勝
개 막 능 승
이들 모두가 이길 수 없는 것이

自勝之人
자 승 지 인
바로 스스로를 이긴 사람들이니라.

16-7

月千反祠
월 천 반 사
한 달에 천 번 제사를 되풀이하고

終身不輟
종 신 불 철
몸이 다하도록 쉬지 아니하더라도

不如須臾
불 여 수 유
잠시 동안이나마

一心念法
일 심 념 법
한 마음으로 바른 법 생각하는 것만 못하나니

一念道福
일 념 도 복
한결같이 바른 도 생각하는 복덕이

勝彼終身
승 피 종 신
몸 다하도록 제사 지내는 그보다 낫도다.

雖終百歲
수 종 백 세
비록 백 년이 다하도록

奉事火祠
봉 사 화 사
불을 받들어 섬기며 제사 지내더라도

不如須臾
불 여 수 유
잠시 동안이나마

供養三尊
공 양 삼 존
삼존에 공양하는 것만 못하나니[153]

一供養福
일 공 양 복
한 번 공양한 복덕이

勝彼百年
승 피 백 년
백 년 동안 불 섬겨 제사 지내는 그보다 낫도다.

16-9

祭神以求福
제 신 이 구 복
신께 제사 지내며 복덕을 구하고

從後觀其報
종 후 관 기 보
뒤따를 그 과보를 살피거든

四分未望一
사 분 미 망 일
넷으로 나뉜 것 중 하나도 바라지 못할지니

不如禮賢者
불 여 예 현 자
어진 이에게 예배함만 같지 못하도다.

---

153 삼존三尊은 중앙의 본존本尊과 양쪽에 모신 불보살을 삼존불三尊佛이라고도
한다. 아미타삼존(중앙의 아미타불을 중심으로 왼편의 관세음보살과 오른편의 대세지
보살), 석가모니삼존(석가모니부처님을 중심으로 왼편의 문수보살과 오른편의 보현보
살), 약사삼존(약사여래를 중심으로 왼편의 일광보살과 오른편의 월광보살)이 있다.

16-10

能善行禮節　능히 예의와 법 절차 바르게 행하고
능선행예절

常敬長老者　항상 경험 많은 어른을 공경하는 이는[154]
상경장노자

四福自然增　네 가지 복덕이 자연히 더해질지니
사복자연증

色力壽而安　좋은 용색과 건강과 수명 그리고 편안함이니라.
색력수이안

16-11

若人壽百歲　만약 사람들이 백 년을 산다 해도
약인수백세

遠正不持戒　바른 도 멀리하고 계율을 지키지 아니하면
원정부지계

不如生一日　하루를 살더라도
불여생일일

守戒正意禪　계율 지키며 마음 가다듬고 바르게 생각함만 못하다.[155]
수계정의선

154 장로長老는 나이 많은 이 혹은 학문과 경험 많은 이에 대한 존칭 외 스님에
　　대한 존칭이기도 하다.

155 선禪은 범어 dhyana를 음역한 선나禪那의 줄인 말로 선정禪定 혹은 정정으로
　　번역되며 또한 우리의 청정한 본래 면목인 불성을 바로 보아 부처를 이루는
　　것을 참선參禪이라고 한다.

16-12

若人壽百歲
약인수백세

만약 사람들이 백 년을 산다 해도

邪僞無有智
사위무유지

그릇되고 거짓되어 지혜로움이 있지 아니하면

不如生一日
불여생일일

하루를 살더라도

一心學正智
일심학정지

한 마음으로 바른 지혜로움 배움만 못하다.

16-13

若人壽百歲
약인수백세

만약 사람들이 백 년을 산다 해도

懈怠不精進
해태부정진

느리고 게을러 불도에 힘써 나아가지 아니하면

不如生一日
불여생일일

하루를 살더라도

勉力行精進
면역행정진

행함에 힘써 노력하며 닦아 나아감만 못하다.

16-14

若人壽百歲
약인수백세

만약 사람들이 백 년을 산다 해도

不知成敗事
부지성패사

일이 되고 아니 되는 형세를 알지 못하면

不如生一日
불여생일일

하루를 살더라도

見微知所忌　미묘함 보고 꺼릴 바를 아는 것만 못하니라.
견미지소기

16-15

若人壽百歲　만약 사람들이 백 년을 산다 해도
약인수백세

不見甘露道　단 이슬 같은 바른 도 보지 못하면
불견감로도

不如生一日　하루를 살더라도
불여생일일

服行甘露味　단 이슬 맛을 맛보는 행함만 못하니라.
복행감로미

16-16

若人壽百歲　만약 사람들이 백 년을 산다 해도
약인수백세

不知大道義　큰 도의 바른 뜻을 알지 못하면
부지대도의

不如生一日　하루를 살더라도
불여생일일

學推佛法要　부처님의 요긴한 가르침 배우고 추구함만 못하도다.
학추불법요

17

악행품惡行品

惡行品者 악 행 품 자	악행품의 장에서는
感切惡人 감 절 악 인	악한 이를 절실히 느끼게 하니
動有罪報 동 유 죄 보	움직이면 죄의 응보 있고
不行無患 불 행 무 환	행하지 아니하면 근심이 없다 한다.[156]

---

156 악행품은 4언4행의 서두 외에 총 22편으로 구성되었다. 그중 4언4행은 제1편부터
제8편까지 8편과 제11편부터 제14편까지 4편 그리고 제16편이 더해져 모두
13편이다. 또한 4언6행은 제9편, 제10편, 제15편 등으로 모두 3편이며 나머지
제17편부터 제22편까지 6편은 5언4행으로 구성되었다.

17-1

見善不從 견 선 부 종	착함을 보고 따르지 아니하면
反隨惡心 반 수 악 심	도리어 악한 마음이 따르고
求福不正 구 복 부 정	복덕을 구함이 바르지 아니하면
反樂邪婬 반 락 사 음	도리어 그릇된 음란함을 즐기니라.

17-2

凡人爲惡 범 인 위 악	대개 사람들이 악함을 행하고
不能自覺 불 능 자 각	스스로 깨달을 수 없다 할지라도
愚癡快意 우 치 쾌 의	어리석고 못나서 마음으로 즐거워하면
今後鬱毒 금 후 울 독	이후 독이 쌓이어 막히리라.

17-3

凶人行虐 흉 인 행 학	무뢰한 이가 사납게 행하고
沈漸數數 침 점 삭 삭	점점 심해져 여러 번 되풀이하며
快欲爲人 쾌 욕 위 인	이를 즐겨 하고자 하는 사람이라면

罪報自然
죄 보 자 연
스스로 그러한 죄의 과보 있을지어다.

17-4

吉人行德
길 인 행 덕
좋은 사람이 덕스럽게 행하고

相隨積增
상 수 적 증
서로 따라 더욱 더 쌓으며

甘心爲之
감 심 위 지
이를 달게 여기는 마음으로 행하노라면

福應自然
복 응 자 연
스스로 그러한 복의 응보 있도다.

17-5

妖孽見福
요 얼 견 복
재앙 받을 이가 복덕을 받으면

其惡未熟
기 악 미 숙
그 악함이 아직 익지 않은 때문이나니

至其惡熟
지 기 악 숙
그 악함이 무르익기에 이르면

自受罪虐
자 수 죄 학
스스로 그 죄 혹독하게 받을지어다.

17-6

貞祥見禍
정상견화
곧고 착한 이가 재앙을 받으면

其善未熟
기선미숙
그 착함이 아직 익지 않은 때문이나니

至其善熟
지기선숙
그 착함이 무르익기에 이르면

必受其福
필수기복
반드시 그 복덕 받으리라.

17-7

擊人得擊
격인득격
남을 치면 남에게 맞게 되고

行怨得怨
행원득원
원망 받을 일 행하면 원망함을 받게 되나니

罵人得罵
매인득매
남을 꾸짖어 욕하면 꾸짖음 당해 욕먹고

施怒得怒
시노득노
노여움을 행하면 노여움 받게 되니라.

17-8

世人無聞
세인무문
세상 사람들이 듣고 배우지 못하여

不知正法
부지정법
바른 법 알지 못할지라도

生此壽小
생차수소
이 세상 태어나 잠시 살진대

何宜爲惡
하 의 위 악
어찌 악한 행함을 옳다 하겠는가.

17-9

莫輕小惡
막 경 소 악
작은 악행을 가볍게 보지 말지니

以爲無殃
이 위 무 앙
재앙이 없으리라 생각할지나

水滴雖微
수 제 수 미
물 한 방울이 비록 작을지라도

漸盈大器
점 영 대 기
점점 큰 그릇을 채우거늘

凡罪充滿
범 죄 충 만
대개 죄가 가득 차는 것도

從小積成
종 소 적 성
적은 것에서부터 쌓여 이루어지노라.

17-10

莫輕小善
막 경 소 선
작은 선행을 가볍게 보지 말지니

以爲無福
이 위 무 복
복덕이 없으리라 생각할지나

水滴雖微
수 제 수 미
물 한 방울이 비록 작을지라도

漸盈大器
점 영 대 기
점점 큰 그릇을 채우거늘

凡福充滿
범 복 충 만
대개 복덕이 가득 차는 것도

從纖纖積
종 섬 섬 적
가늘고 작은 것에서부터 쌓이노라.

17-11

夫士爲行
부 사 위 행
대개 행하게 되는 사람들이[157]

好之與惡
호 지 여 악
악함과 더불어 하기를 좋아하면

各自爲身
각 자 위 신
자기마다 각각 자신만을 위할지니

終不敗亡
종 불 패 망
패하지 아니한다 해도 마침내 망하리라.

17-12

好取之士
호 취 지 사
거두어 가지기 좋아하는 사람은

自以爲可
자 이 위 가
스스로가 옳다고 하면서

沒取彼者
몰 취 피 자
남의 것을 다 빼앗아 가질지나

人亦沒之
인 역 몰 지
남 또한 그것들을 빼앗으리라.

---

157 사士는 젊은 남자인 사부士夫를 가리키며 보통의 인간을 말한다. 같은 뜻인 범부凡夫는 성자聖子에 반해 어리석음을 벗지 못한 범용凡庸한 사부를 말한다. 불교적으로 아직 번뇌에 얽매어 생사를 벗지 못한 사람을 가리킨다.

17-13

惡不卽時 악 부 즉 시	악함이 즉시 드러나지 아니함은
如搆牛乳 여 구 우 유	마치 소젖 짜내는 것과 같나니
罪在陰伺 죄 재 음 사	가리워져 있는 죄 살필지면
如灰覆火 여 회 부 화	마치 잿더미에 덮힌 불과 같도다.

17-14

戲笑爲惡 희 소 위 악	희롱하는 웃음은 악행이 되니
以作身行 이 작 신 행	몸으로 지어 행한 때문이거늘
號泣受報 호 읍 수 보	목 놓아 소리내 울 과보 받음은
隨行罪至 수 행 죄 지	행함에 따르는 죄가 이른 것이니라.

17-15

作惡不覆 작 악 불 부	악행을 지으면 덮지 못하니
如兵所截 여 병 소 절	마치 병기에 베인 바와 같아서
牽往乃知 견 왕 내 지	끌려간 이후 알더라도

已墮惡行
이 타 악 행
이미 악한 행함에 떨어지고

後受苦報
후 수 고 보
이후 고통스러운 과보 받음은

如前所習
여 전 소 습
전에 익힌 바와 같도다.

17-16

如毒摩瘡
여 독 마 창
마치 독이 상처에 영향을 미치고

船入洄澓
선 입 회 복
배가 굽이치는 소용돌이에 든 것과 같나니

惡行流衍
악 행 유 연
악한 행함이 널리 퍼질지면

靡不傷剋
미 불 상 극
심하게 상하지 아니하는 것이 없도다.

17-17

加惡誣罔人
가 악 무 망 인
악함이 더해져 남 속이고 거짓을 꾸며도

淸白猶不汚
청 백 유 불 오
맑고 깨끗하면 오히려 더럽히지 못하나니

愚殃反自及
우 앙 반 자 급
어리석어서 재앙이 도리어 스스로에게 미치니라.

如塵逆風坌
여 진 역 풍 분
마치 먼지가 바람을 거슬러 모아진 것과 같이.

17-18

過失犯非惡　악의 없이 실수로 허물을 범하니
과실범비악

能追悔爲善　지난 뒤라도 능히 뉘우치면 착하게 되거늘
능추회위선

是明照世間　이러한 밝음으로 세상 비추면
시명조세간

如日無雲曀　마치 막힌 구름 벗어난 해와 같도다.
여일무운열

17-19

夫士所以行　대개 사람들이 행하는 이유는
부사소이행

然後身自見　그러한 후 자신이 스스로 드러나니
연후신자견

爲善則得善　착함을 행하면 착함을 얻고
위선즉득선

爲惡則得惡　악함을 행하면 악함을 얻기 때문이노라.
위악즉득악

17-20

有識墮胞胎　의식 있는 이는 태중에 포태되고[158]
유식타포태

---

158 아는 바와 같이 식識은 오온五蘊 즉 색, 수, 상, 행, 식 중의 하나로 일반적으로
　　사물에 대한 의식을 말하며 나아가 어떤 대상에 대해 인식하는 마음 작용이다.
　　또한 그 마음 작용은 심心, 의意, 식識으로 나누기도 하나 의식意識은 의근意根에
　　의한 식識이라는 뜻으로 물심物心의 모든 현상을 인식함이 그 기능이라고 할

惡者入地獄 악한 이는 지옥에 들어가며
악자입지옥

行善上昇天 착함을 행한 이는 하늘에 오르리니
행선상승천

無爲得泥洹 행함이 없는 참된 그대로 열반에 이르리라.
무위득니원

17-21

非空非海中 허공도 아니고 바다 속도 아니며
비공비해중

非隱山石間 산 속 바위 사이에도 숨기지 못하리니
비은산석간

莫能於此處 이러한 곳 어디에도
막능어차처

避免宿惡殃 오래 전 지은 악함의 재앙은 피하여 면할 수 없도다.
피면숙악앙

17-22

衆生有苦惱 살아 있는 모든 이들은 괴로운 번뇌 있고
중생유고뇌

不得免老死 늙음과 죽음을 면할 수 없을지라도
부득면노사

唯有仁智者 오직 어짊과 지혜로움 있는 이들은
유유인지자

不念人非惡 남의 비리나 악함을 마음에 두지 아니한다.
불념인비악

수 있다. 아울러 식심識心은 의식 작용의 본체라 한다.

174

도장품刀杖品

刀杖品者
도 장 품 자

教習慈仁
교 습 자 인

無行刀杖
무 행 도 장

賊害衆生
적 해 중 생

도장품의 장에서는

어짊과 자애로움을 가르치고 익히니

칼과 몽둥이로 가하는 행함을 없애어

살아 있는 모든 것들을 해치지 못하게 한다.[159]

---

[159] 도장품은 4언4행의 서두 외 총 14편으로 구성되었다. 그중 4언4행은 제3편부터 제11편까지 모두 9편이고 4언6행은 제12편이 유일하며 나머지 4편 즉 제1편, 제2편, 제13편, 제14편은 5언4행으로 구성되었다.

18-1

一切皆懼死　일체의 모든 것이 죽음을 두려워하고
일체개구사

莫不畏杖痛　몽둥이의 아픔을 겁내지 아니하는 이 없으리니
막불외장통

恕己可爲譬　자기가 받을 용서에 비유될 수 있노라면
서기가위비

勿殺勿行杖　죽이지 말고 매질도 행하지 말지니라.
물살물행장

18-2

能常安群生　항상 중생들을 편안하게 할 수 있고
능상안군생

不加諸楚毒　여러 쓰라린 아픔들 더하지 아니할지면
불가제초독

現世不逢害　지금 세상에서 해로운 일 당하지 않을지니
현세불봉해

後世長安穩　다음 세상에서도 길이 편안하고 평온하리라.
후세장안온

18-3

不當麤言　마땅히 거친 말 하지 않고
부당추언

言當畏報　당연히 과보 두려워하며 말할지나
언당외보

惡往禍來　악한 언행이 가면 앙화가 오리니
악왕화래

176

刀杖歸軀
도 장 귀 구
칼과 몽둥이가 몸에 돌아오리라.

18-4

出言以善
출 언 이 선
말이 착하게 나오면

如叩鐘磬
여 고 종 경
마치 주악에서 경종 두드린 것과 같을지니

身無論議
신 무 논 의
몸소 논란하며 꾀함이 없으면

度世則易
도 세 즉 이
세상 건너기가 편하리라.

18-5

歐杖良善
구 장 양 선
어질고 착한 이를 매질하고

妄讒無罪
망 참 무 죄
죄 없는 이를 거짓된 말로 속일지면

其殃十培
기 앙 십 배
그 벌이 열 배로 배양되리니

災迅無救
재 신 무 사
순식간에 겪는 재앙되어 용서 받지 못할지어다.

18-6

生受酷痛
생 수 혹 통
살아서 심한 고통 받다가

形體毀折
형 체 훼 절
형체는 부러지고 허물어지리니

自然惱病
자연 뇌 병
자연히 번뇌하고 병이 들면

失意恍惚
실 의 황 홀
뜻 잃고 얼빠진 듯 경황없을지니라.

18-7

人所誣咎
인 소 무 구
사람들이 속여 허물을 꾸미고

或縣官厄
혹 현 관 액
혹 관의 재액에 얽히노라면

財産耗盡
재 산 모 진
가진 재물 다 없어지거니와

親戚離別
친 척 이 별
친척들도 떠나가리라.

18-8

舍宅所有
사 택 소 유
가진 바 사는 집이

災火焚燒
재 화 분 소
불이 나는 재앙으로 불 태워지고

死入地獄
사 입 지 옥
죽으면 지옥으로 들어가리니

如是爲十
여 시 위 십
이와 같이 열 가지가 되노라.

18-9

雖裸剪髮 수 라 전 발	비록 옷 벗고 머리 깎고
長服草衣 장 복 초 의	세속 떠나 은자 의복 길게 걸치더라도
沐浴踞石 목 욕 거 석	머리 씻고 몸 깨끗이 하여 돌에 걸터앉을지언정
奈癡結何 내 치 결 하	어리석은 결박은 어찌하겠는가.[160]

18-10

不伐殺燒 불 벌 살 소	치거나 죽이거나 불태우지 아니하고
亦不求勝 역 불 구 승	또한 이기기를 바라지 아니하며
人愛天下 인 애 천 하	천하를 사랑하는 사람이면[161]
所適無怨 소 적 무 원	가는 곳마다 원망함이 없노라.

160 결박結縛은 번뇌의 다른 이름으로 몸과 마음이 속박되어 자유롭지 못한 상태에 있음을 뜻하며 스스로 결박되지 않아야 남의 결박도 풀어줄 수 있기 때문에 수행이 필요하다고 한다.
161 이기석과 이종기본은 인人으로 한명숙과 이동형은 인仁으로 표기했다.

18-11

世黨有人 세 당 유 인	세상에는 여러 무리의 사람들이 있으니
能知慚愧 능 지 참 괴	부끄러움을 알 수 있으면
是名誘進 시 명 유 진	이를 이끌어 닦아 나아갈 이라 이름하나니
如策良馬 여 책 양 마	마치 좋은 말 길들이는 채찍과 같도다.

18-12

如策善馬 여 책 선 마	마치 좋은 말 길들이는 채찍과 같이
進道能遠 진 도 능 원	바른 도로 나아가면 멀리 갈 수 있나니
人有信戒 인 유 신 계	사람들이 믿음과 계율을 지니고
定意精進 정 의 정 진	마음을 안정하고 힘써 닦아 나아가면
受道慧成 수 도 혜 성	바른 도 얻고 지혜로움 이루리니
便滅衆苦 편 멸 중 고	모든 괴로움이 문득 사라질지어다.[162]

---

[162] 이종기본, 한명숙, 현진과 달리 이기석은 제11편이 4언6행이고 제12편은 4언4행이다.

18-13

自嚴以修法　스스로 엄격하게 바른 법 닦으면
자 엄 이 수 법

減損受淨行　덜어내 없애고 맑은 행함 얻거늘
멸 손 수 정 행

杖不加群生　살아 있는 모든 이들에게 몽둥이를 더하지 아니하면
장 불 가 군 생

是沙門道人　바로 수행자 사문이며 바른 도 깨달은 이로다.
시 사 문 도 인

18-14

無害於天下　하늘 아래 세상에 해 끼치지 아니하면
무 해 어 천 하

終身不遇害　몸 마치도록 해로운 일 당하지 않을지니
종 신 불 우 해

常慈於一切　항상 모든 것들에 자비로울진대
상 자 어 일 체

孰能與爲怨　누가 능히 더불어 원수로 삼겠는가.
숙 능 여 위 원

노모품老耗品

老耗品者
노모품자
노모품의 장에서는

誨人懃仍
회인근륵
사람들에게 부지런히 힘쓸 것을 가르치니

不與命競
불여명경
목숨과 더불어 겨루지 아니하다가

老悔何益
노회하익
늙어 후회하면 무슨 유익함 있는가를 가르친다.[163]

---

[163] 노모품은 4언4행의 서두 외에 총 14편이다. 그중 4언4행이 제1편부터 제12편까지
모두 12편이며 나머지 제13편과 제14편은 5언4행으로 구성되었다.

19-1

何喜何笑 하 희 하 소	무엇이 기쁘고 어찌하여 웃는가.
命常熾然 명 상 치 연	생명은 항상 불길같은 모습이나[164]
深蔽幽冥 심 폐 유 명	그윽한 어둠에 싸이어 깊이 가려져 있거늘
如不求錠 여 불 구 정	어찌하여 등불을 구하지 않는가.[165]

19-2

見身形範 견 신 형 범	몸의 형상을 모본으로 보고
倚以爲安 의 이 위 안	의지하며 편안하게 행하다가
多想致病 다 상 치 병	생각이 많아지면 병에 이르나니
豈知非眞 기 지 비 진	어찌 참되지 아니함을 알리오.

---

164 이기석, 이종기본, 한명숙, 현진은 명命으로 이동형은 염念으로 표기했다.
165 이기석, 이종기본, 한명숙, 현진은 정錠으로 이동형은 정定으로 표기했다.

19-3

老則色衰
노즉색쇠
늙으면 행색이 쇠약해지고[166]

病無光澤
병무광택
병들면 빛과 윤기도 없어지나니

皮緩肌縮
피완기축
피부는 느즈러지고 살도 쭈그러지거늘

死命近促
사명근촉
죽음이 생명 가까이 다가와 재촉하도다.

19-4

身死神徙
신사신사
몸이 죽으면 정신도 옮겨 가리니

如御棄車
여어기거
마치 수레 모는 이가 수레 버리는 것과 같을지나

肉消骨散
육소골산
살이 사라지고 뼈가 흩어지노라면

身何可怙
신하가호
몸을 어찌 의지할 수 있으리오.

---

166 색色은 유형의 물질로 무형의 정신인 심心과 대비된다. 즉 눈으로 볼 수 있는 모든 물질적 존재로 구체적 형체를 가진 것들이다.

19-5

身爲如城 신 위 여 성	몸이 마치 성곽과 같다 하면
骨幹肉塗 골 간 육 도	뼈대로 줄기 삼고 살을 두터이 바를지나
生至老死 생 지 노 사	태어나 늙음과 죽음에 이르기까지
但藏恚慢 단 장 에 만	다만 성냄과 교만함만 간직했을 뿐이로다.

19-6

老則形變 노 즉 형 변	늙으면 형태가 변하니
喩如故車 유 여 고 거	비유하여 마치 오래 된 수레와 같거늘
法能除苦 법 능 제 고	바른 법이 괴로움 없앨 수 있을지면
宜以仂學 의 이 륵 학	부지런히 배우는 것이 마땅하도다.

19-7

人之無聞 인 지 무 문	사람이 듣고 배우는 것이 없으면
老若特牛 노 약 특 우	늙어서 마치 황소 같이 되나니
但長肌肥 단 장 기 비	오래 살아도 다만 살만 찌울 뿐

無有福慧
무유복혜

복덕과 지혜로움은 지니지 못하도다.

19-8

生死無聊
생사무료

태어나고 죽으니 마음에 근심이 있고

往來艱難
왕래간난

오고 가는 것이 심히 어려운 고생이리나

意猗貪身
의의탐신

마음이 몸을 의지하여 탐하노라면

生苦無端
생고무단

사는 괴로움은 끝이 없도다.

19-9

慧以見苦
혜이견고

지혜로움으로 괴로움 깨닫게 되니

是故棄身
시고기신

이로 인해 몸을 버리고

滅意斷行
멸의단행

생각을 없애어 행함을 끊을지면

愛盡無生
애진무생

애욕이 다하여 생멸도 없도다.[167]

---

167 무생無生은 무생멸無生滅 무생무멸無生無滅과 같은 뜻으로 모든 법의 실상은
생멸이 없다고 보는 것과 통한다. 말하자면 생이 없으면 멸도 없으니 곧 모든
망상이 없어짐으로써 생멸을 초월한다는 의미에서 열반 혹은 법성의 의미와
가깝다. 아울러 무생신無生身은 이 몸이 태어남이 없다는 것을 깨닫는 지혜로
진정한 깨달음과 열반이 서로 상통함을 뜻하고 있다.

19-10

不修梵行 청정한 행함을 닦지 아니하고
불 수 범 행

又不富財 또한 재물도 넉넉하지 못할지면
우 불 부 재

老如白鷺 늙어서 마치 흰 해오라기 같이
노 여 백 로

守伺空地 빈 터 지키며 살피리라.
수 사 공 지

19-11

旣不守戒 이미 계율을 지키지 아니하고
기 불 수 계

又不積財 또한 재물도 모으지 못하나니
우 부 적 재

老羸氣竭 늙고 쇠약하여 기력이 다하면
노 리 기 갈

思故何逮 옛 생각 할지라도 어찌 미치리오.
사 고 하 체

19-12

老如秋葉 늙음은 마치 가을 낙엽과 같으니
노 여 추 엽

何穢鑑錄 어찌 추한 모습 밝혀 표현하겠나마는
하 예 감 록

命疾脫至 병들어 목숨 벗어날 때 이르노라면
명 질 탈 지

亦用後悔
역용후회
또한 뒷날 뉘우친들 무슨 소용 있겠는가.

19-13

命欲日夜盡
명욕일야진
목숨이 밤낮으로 다하고자 하나니

及時可勱力
급시가근력
그때 다다라 가히 힘써 노력할지나

世間諦非常
세간체비상
세상이 항상 변하는 것을 살피거니와

莫惑墮冥中
막혹타명중
미혹되어 어둠 속에 떨어지지 말지니라.

19-14

當學燃意燈
당학연의등
마땅히 배우고 마음의 연등을 밝히니[168]

自練求智慧
자련구지혜
스스로 갈고 닦아 지혜로움 구하거든

離垢勿染汚
이구물염오
때를 떨치어 더러움에 물들지 말거니와

執燭觀道地
집촉관도지
등불을 잡고 바른 도의 경지를 깊이 살필지어다.

---

168 음력 4월 8일 초파일은 석가의 탄신일로 연등절燃燈節 또는 관등절觀燈節이라
한다. 이 때 탄신불의 상을 여러 꽃으로 장식하고 느티떡과 검은 콩을 쪄서
먹고 등燈을 달아 관등을 하며 축하한다.

20

애신품愛身品

愛身品者 애신품자	애신품의 장에서는
所以勸學 소이권학	배우기를 권하는 이유가
終有益己 종유익기	마침내 자신에게 유익함이 있으니
滅罪興福 멸죄흥복	죄악을 없애고 복덕을 일으키기 때문이다.[169]

---

169 애신품은 4언4행의 서두 외에 총 13편이며 이들 중 4언4행은 제1편부터 제7편까지 그리고 제10편과 제11편이 더해져 모두 9편이다. 또한 4언6행은 제8편과 제9편 등 2편이며 나머지 제12편과 제13편은 5언4행으로 구성되었다.

20-1

自愛身者
자 애 신 자
스스로 제 몸을 사랑하는 이는

愼護所守
신 호 소 수
삼가 보호하며 지키는 바이니

悕望欲解
희 망 욕 해
깨닫기 원하여 바라고자 하면

學正不寐
학 정 불 매
바른 도 배우기를 쉬지 말지어다.

20-2

爲身第一
위 신 제 일
자신을 제일로 삼고

常自勉學
상 자 면 학
항상 스스로 배움에 힘쓰리니

利乃誨人
이 내 회 인
얻은 이로움은 이후 남 가르쳐 인도할지니[170]

不倦則智
불 권 즉 지
게을리하지 않으면 지혜롭도다.

20-3

學先自正
학 선 자 정
배움으로 우선 자신이 바르고

然後正人
연 후 정 인
그러한 후 남을 바르게 하리니

---

170 이익利益은 일반적으로 벌어들인 이득 혹은 유익한 것을 뜻하나 불교에서 신불神
佛의 혜택 또는 남을 돕는 것 또는 명리冥利 등의 뜻이 있다.

調身入慧
조 신 입 혜
　　몸소 지혜로움에 들도록 길들이면

必遷爲上
필 천 위 상
　　반드시 최상으로 바뀌리라.

20-4

身不能利
신 불 능 리
　　자신을 이롭게 할 수 없으면

安能利人
안 능 리 인
　　어찌 남을 이롭게 할 수 있겠는가.

心調體正
심 조 체 정
　　마음을 고르고 몸을 바르게 하노라면

何願不至
하 원 부 지
　　무엇을 바라든 이르지 않겠는가.

20-5

本我所造
본 아 소 조
　　본래 내가 지은 바는

後我自受
후 아 자 수
　　후에 나 스스로 받을지니

爲惡自更
위 악 자 갱
　　행한 악함이 자신에게 다시 행하여짐은

如剛鑽珠
여 강 찬 주
　　마치 금강석이 구슬 뚫는 것과 같도다.

20-6

人不持戒 인 부 지 계	사람이 계율을 지키지 아니하면
滋蔓如藤 자 만 여 등	마치 등덩굴 같이 널리 번성하는
逞情極欲 영 정 극 욕	마음속 극심한 욕망이 제멋대로 퍼지리니
惡行日增 악 행 일 증	악한 행함이 날로 더해지리라.

20-7

惡行危身 악 행 위 신	악한 행함이 자신을 위태롭게 하나
愚以爲易 우 이 위 이	어리석은 이는 이를 쉽게 여기고
善最安身 선 최 안 신	착한 행함은 자신을 가장 편안하게 하나
愚以爲難 우 이 위 난	어리석은 이는 이를 어렵게 여긴다.

20-8

| 如眞人敎
여 진 인 교 | 마치 진리 깨달은 이의 가르침과 같이 |
| 以道法身
이 도 법 신 | 바른 도로 현시된 부처님 형상들을[171] |

---

171 이기석과 이종기본은 법法으로 한명숙과 이동형과 현진은 활活로 표기했다.

愚者疾之 우 자 질 지	어리석은 이는 이를 싫어하나니
見而爲惡 견 이 위 악	이를 보고도 악행을 일삼을지나
行惡得惡 행 악 득 악	악함을 행하고 악함을 얻는 것은
如種苦種 여 종 고 종	마치 괴로움 품은 씨 심는 것과 같도다.

20-9

惡自受罪 악 자 수 죄	악하면 스스로 죄를 받고
善自受福 선 자 수 복	착하면 스스로 복덕 받으리나
亦各須熟 역 각 수 숙	또한 이들 각각은 반드시 무르익어서
彼不自代 피 불 자 대	그 어떤 것도 스스로를 대신하지 못할지니

법신法身은 삼신(三身; 법신, 보신, 응신 또는 화신) 중 하나이며 영원한 부처님의 본체로 영원불변하는 우주의 본체이다. 이는 인격적 뜻을 부여하여 법신이라고 하나 실제 형상이 없는 이불理佛로 형상 없이 사물의 감응에 따라 나타난다고 한다. 비유하여 천상의 달에 해당된다. 또한 보신報身은 뚜렷한 마음의 광명으로 인연 따라 나타난 불신佛身이다. 비유하여 우주에 가득 찬 광명에 해당된다. 끝으로 화신化身이라고도 하는 응신應身은 부처님께서 중생의 성향에 따라 이들을 교화하기 위해 여러 모습으로 나타나신 화현化現 또는 변현變現을 뜻한다. 비유하여 강물에 비친 달그림자에 해당된다. 그러나 이들 삼신은 셋이면서 곧 하나이다.

習善得善　선함을 익히고 선함을 얻는 것은
습선득선

亦如種甛　또한 달콤함 지닌 씨 심는 것과 같도다.[172]
역여종첨

20-10

自利利人　자신이 이롭고 남에게도 이로우면
자리이인

益而不費　유익하고 허비하지 아니한 것이나니
익이불비

欲知利身　자신을 이롭게 하는 것 알고자 하거든
욕지이신

戒聞爲最　계율 듣고 배우는 것이 으뜸이니라.
계문위최

20-11

如有自憂　만약 스스로 근심이 있어서
여유자우

欲生天上　천상계에 나고자 하면
욕생천상

敬樂聞法　바른 법을 공경하며 즐겨 듣고 배울지나
경락문법

---

172 종자種子는 일반적으로 씨 혹은 사물의 근본을 뜻하나 선 또는 악의 업인業因에서
　　점점 익어가 행위의 결과로 나타난 잠재적인 힘을 뜻한다. 이는 반복된 행위의
　　원인이 되거나 혹은 그 결과로 나타난 기운이기 때문에 습관 또는 습기習氣라고도
　　한다.

當念佛教　마땅히 부처님 가르침 생각하며 외울지어다.
당념불교

20-12

凡用必豫慮　대개 힘쓸 일은 반드시 미리 생각하고
범용필예려

勿以損所務　힘써 할 바를 덜어내지 말지니
물이손소무

如是意日修　이와 같은 마음으로 나날이 닦을지면
여시의일수

事務不失時　일에 힘 쓸 시기를 놓치지 아니하리라.
사무불실시

20-13

夫治事之士　대개 일을 다스리는 사람이
부치사지사

能至終成利　마침내 능히 이로움 이루기에 이르려면
능지종성리

眞見身應行　참되이 깨닫고 몸소 행함에 응할지니[173]
진견신응행

如是得所欲　이와 같아야 바라는 바를 얻으리라.
여시득소욕

───────

173 견문見聞은 불교에서 눈으로 부처님을 보고 귀로 부처님 말씀인 법을 듣는
　　것으로 이는 견문각지見聞覺知 곧 보고 듣고 깨달아 알게 됨을 뜻한다.

세속품世俗品

21

世俗品者
세 속 품 자

世俗品의 장에서는

說世幻夢
설 세 환 몽

세상이 허깨비와 꿈 같음을 말하니

當捨浮華
당 사 부 화

마땅히 실속 없는 겉치레를 버리고

勉修道用
면 수 도 용

시행할 바른 도를 힘써 닦아야 한다고 말한다.[174]

---

[174] 세속품은 4언4행의 서두 외에 총 14편 중 제6편이 4언6행이고 제13편과 제14편
등 2편이 5언4행이며 나머지 11편은 모두 4언4행으로 구성되었다.

21-1

如車行道 여 거 행 도	만약 바른 길로 나아가는 수레가
捨平大途 사 평 대 도	평탄한 큰 길 버리고
從邪徑敗 종 사 경 패	그릇된 사잇길 따르다 엎어지면
生折軸憂 생 절 축 우	속바퀴 부러지는 근심이 생긴다.[175]

21-2

離法如是 이 법 여 시	바른 법 멀리하면 이와 같으니
從非法增 종 비 법 증	바른 법 아닌 것 따름이 늘어나고
愚守至死 우 수 지 사	어리석음 지키다 죽음에 이를지면
亦有折患 역 유 절 환	또한 목숨 꺾이는 근심 있도다.

---

175 이기석은 제1편이 4언8행이어서 총 13편이나 일반적인 기본 형식에 따라 4언 4행으로 나눈 이종기본과 한명숙에 따라 총 14편이 되었다.

21-3

順行正道 순행정도	바른 도리 순순히 행하고
勿隨邪業 물수사업	그릇된 업을 따르지 아니할지면[176]
行住臥安 행주와안	가거나 머물거나 누우나 편안하나니
世世無患 세세무환	대대로 근심이 없도다.

21-4

萬物如泡 만물여포	세상 만물이 마치 물거품 같고
意如野馬 의여야마	마음은 마치 아지랑이 같나니
居世若幻 거세약환	세상 사는 것이 만약 허깨비 같을지면
奈何樂此 내하락차	어찌하여 이를 즐거워하리오.

---

176 업業은 어떤 결과의 원인으로 생각되는 일체의 행위(신身)와 말(구口)과 생각(의意) 등 삼업三業이 있다. 결국 우리가 한 모든 행위는 우연이라기보다 콩 심은 데 콩 나고 팥 심은 데 팥 나는 행위들이며 이는 마음의 소행이기도 해서 마음을 다스리는 이치를 짐작하게 된다.

21-5

若能斷此
약 능 단 차
만약 능히 이를 끊으려면

伐其樹根
벌 기 수 근
그 나무의 뿌리를 베어야 하리니

日夜如是
일 야 여 시
밤낮으로 이와 같이 할지면

必至于定
필 지 우 정
반드시 선정에 이르리라.

21-6

一施如信
일 시 여 신
한 번의 보시라도 믿음에 맞고

如樂之人
여 락 지 인
이를 즐기는 사람들처럼 할지니

或從惱意
혹 종 뇌 의
혹 번뇌를 따르는 마음으로

以飯食衆
이 반 식 중
사람들에게 음식을 먹일지면

此輩日夜
차 배 일 야
이러한 무리는 밤낮으로 하더라도

不得定意
부 득 정 의
안정된 경지의 마음을 얻지 못하노라.

21-7

世俗無眼
세속무안

세상 사람들이 밝은 안목 없으면

莫見道眞
막견도진

바른 도의 참뜀을 보지 못하나니

如小見明
여소견명

만약 조금이라도 밝은 지혜를 보려면

當養善意
당양선의

당연히 착한 마음 기를지어다.

21-8

如雁將群
여안장군

마치 기러기가 무리를 거느리고

避羅高翔
피라고상

그물을 피해 높이 나르는 것과 같이

明人導世
명인도세

깨달은 이가 세상을 인도하리나

度脫邪衆
도탈사중

그릇된 무리들 제도하며 벗어날지어다.

21-9

世皆有死
세개유사

세상 모든 것은 죽음이 있고

三界無安
삼계무안

삼계는 편안함이 없을지나

諸天雖樂
제천수락

모든 천계가 비록 즐겁다 해도

福盡亦喪
복진역상
복덕이 다하면 또한 사라지리라.

21-10

觀諸世間
관제세간
세상 모든 것들 자세히 살피면

無生不終
무생부종
태어나 죽지 아니하는 것이 없나니

欲離生死
욕리생사
삶과 죽음을 벗어나고자 하거든

當行道眞
당행도진
마땅히 참된 바른 도를 행할지어다.

21-11

癡覆天下
치부천하
못난 어리석음이 천하를 가리고

貪令不見
탐령불견
탐욕은 바로 보지 못하게 되며

邪疑却道
사의각도
그릇된 의혹은 바른 도를 물리치나니

苦愚從是
고우종시
괴로움과 어리석음이 이들을 따르니라.

21-12

一法脫過
일법탈과
유일한 법을 그릇되게 벗어나

謂妄語人
위망어인
사리에 맞지 아니한 말을 하는 이는

不免後世　　후세에도 면하기 어려우리니
불 면 후 세

靡惡不更　　벋은 악행은 바꾸어 고치지 못하리라.
미 악 불 갱

21-13

雖多積珍寶　비록 진귀한 보물이 많이 쌓이어
수 다 적 진 보

崇高至于天　하늘에 이르도록 높고 높아서
숭 고 지 우 천

如是滿世間　마치 이 세상 가득 채운 듯할지라도
여 시 만 세 간

不如見道亦　바른 도 자취 보는 것만 같지 못하도다.
불 여 견 도 적

21-14

不善像如善　착하지 아니함에도 착한 것 같은 모습을 하고
불 선 상 여 선

愛如似無愛　애욕 있음에도 마치 겉으로 애욕 없는 것 같이 하며[177]
애 여 사 무 애

以苦爲樂像　고통스러우면서 즐거운 모습으로 행하나
이 고 위 락 상

---

177 애愛는 일반적으로 사랑하고 좋아하다는 뜻이나 불교에서 욕망으로 마음을
빼앗기거나 애착하는 욕망인 애욕愛慾을 말한다. 또한 중생을 결박하는 아홉
가지 번뇌를 가리키는 구결 중 하나인 애결愛結은 애愛를 탐하는 번뇌나 속박을
뜻한다. 이와 같이 애착과 탐욕 그리고 이로 인한 번뇌 등에 대한 경계는
총 33편으로 구성된 제32장 애욕품愛欲品에서도 알 수 있다.

狂夫爲所猒　어리석은 사내가 물리어 싫증내는 것들이로다.[178]
광부위소염

---

178 광부狂夫는 미친 또는 사나운 사내 외에 어리석은 사내를 뜻하기도 한다. 또한
　　염猒은 '배부른, 넉넉한, 싫은' 등의 뜻 외에 염饜과 같아서 싫도록 먹어 "물린"의
　　뜻이 포함된다.

22

술불품述佛品

述佛品者 술불품자	술불품의 장에서는
道佛神德 도불신덕	부처님의 신묘한 덕에 대해 말하니
無不利度 무불이도	이롭게 제도하지 아니하신 것이 없으며
明爲世則 명위세칙	그 밝음은 세상의 법칙이 된다고 말한다.[179]

---

179 술불품은 4언4행의 서두 외에 총 21편이며 그중 4언4행은 제11편부터 제21편까지 모두 11편이다. 또한 제1편부터 제9편까지 9편이 5언4행이고 나머지 제10편은 5언6행으로 구성되었다.

22-1

已勝不受惡　이미 이겨내어 악함을 받지 아니하고
이승불수악

一切勝世間　모든 것이 세상에서 뛰어나거늘
일체승세간

睿智廓無疆　그 밝고 뛰어난 지혜 끝없이 크나니
예지확무강

開矇令入道　어두운 어리석음 열고 바른 도에 들게 되도다.
개몽령입도

22-2

決網無罣礙　그물을 끊으면 걸리고 막히는 것 없듯이
결망무괘애

愛盡無所積　애욕이 다하여 쌓인 바가 없으면
애진무소적

佛意深無極　부처님 뜻이 끝없이 깊어질지니
불의심무극

未踐迹令踐　아직 밟지 못한 자취 밟게 되리라.
미천적령천

22-3

勇健立一心　굳센 용기로 한결 같은 마음 세우니
용건립일심

出家日夜滅　집 떠나 밤낮으로 깨닫거늘
출가일야멸

根斷無欲意　육근을 끊고 탐욕의 마음 없애면
근단무욕의

學正念淸明　배움이 바르고 생각은 맑고 밝도다.
학 정 념 청 명

22-4

見諦淨無穢　진실한 도리 깨닫고 더러움 없이 맑으면[180]
견 제 정 무 예

已度五道淵　이미 오도의 깊은 못을 건너리니[181]
이 도 오 도 연

佛出照世間　부처님 나오시어 세상 비추심은
불 출 조 세 간

爲除衆憂苦　중생들의 근심과 괴로움 없애기 위함이로다.
위 제 중 우 고

22-5

得生人道難　사람의 길로 태어날 수 있기 어렵고
득 생 인 도 난

生壽亦難得　태어나 목숨 또한. 길게 얻기 어려우며
생 수 역 난 득

世間有佛難　세상에 부처님 존재하시기도 어려울지나
세 간 유 불 난

---

180 견제見諦는 견도見道 또는 견제도見諦道라고 하며 불교의 진리를 확실히 깨달은
　　무학無學(모든 번뇌 없애고 아라한과를 얻은 이로 더 이상 닦을 것이 없음)道의 자리를
　　말한다.

181 오도五道는 중생들이 업인業因에 따라 필연적으로 이르는 다섯 길 또는 생존
　　방식으로 오취五聚 또는 오악도五惡道라고 한다. 즉 육도에서 아수라를 뺀 지옥
　　도, 아귀도, 축생도, 인간도, 천상도를 말한다.

佛法難得聞　부처님 가르침 듣고 깨닫기도 어려우니라.
불법 난 득 문

22-6

我旣無歸保　내 이미 돌아가 보전할 곳이 없고
아 기 무 귀 보

亦獨無伴呂　또한 벗 될 짝도 없는 혼자 몸이나
역 독 무 반 려

積一行得佛　일념으로 행함을 쌓아 깨달음 얻을지니
적 일 행 득 불

自然通聖道　스스로 그러한 성스러운 도에 통달하리라.
자 연 통 성 도

22-7

船師能渡水　뱃사공이 능히 물을 건너려면
선 사 능 도 수

精進爲橋梁　힘써 나아감을 다리로 삼아야 할지니
정 진 위 교 량

人以種姓繫　사람들 중 계통에 얽매인 부류로서
인 이 종 성 계

度者爲健雄　세상 건너는 이는 뛰어나게 강건하도다.
도 자 위 건 웅

22-8

壞惡度爲佛　악함을 부수고 괴로움 건너면 부처라 하고
괴 악 도 위 불

止地爲梵志　마음이 한 곳에 머무는 경지를 범지라 하나니[182]
지 지 위 범 지

除饉爲學法　수행자 비구는 바른 법 배우는 이라 할지나[183]
제 근 위 학 법

斷種爲弟子　종자를 끊으면 그 제자라 하노라.
단 종 위 제 자

22-9

觀行忍第一　관조하며 행함에는 참음이 제일이나[184]
관 행 인 제 일

佛說泥洹最　부처님께서는 열반이 으뜸이라 하시나니
불 설 니 원 최

捨罪作沙門　죄를 버리고 출가하여 사문이 되면
사 죄 작 사 문

無嬈害於彼　남에게 괴롭힘과 해침을 당하지 아니하노라.
무 요 해 어 피

---

182 지止는 사념망상邪念妄想이 일어남을 막고 마음을 한 곳에 머물게 하는 것으로
　　번뇌를 떠나 괴로움을 멸한 해탈 혹은 열반에 이른 적정寂靜을 뜻한다.
　　또한 범지梵志의 범은 청정함을 뜻해서 청정한 뜻 또는 이를 구하는 의지라고
　　할 수 있다. 바라문교에서 마음이 만물의 창조신으로 보는 범천梵天이나 범천왕
　　의 법을 구한다는 뜻에서 바라문婆羅門, 구도자 등 다양하게 번역되었다.

183 이기석에 의하면 제근除饉은 불교에 귀의하여 구족계를 받은 비구比丘를 가리킨
　　다고 하여 제근남이라고도 하며 아울러 비구니는 제근녀라고 했다.

184 관행觀行은 관심觀心하는 행법으로 자신의 본래 성품을 밝게 관조하고 몸소
　　실행하는 것을 말한다.

208

22-10

不嬈亦不惱 불 요 역 불 뇌	번거로움 없고 또한 괴로움도 없이
如戒一切持 여 계 일 체 지	만약 모든 계율들 지키면서
少食捨身貪 소 식 사 신 탐	적게 먹으며 몸소 탐욕을 버리고
有行幽隱處 유 행 유 은 처	그윽하고 은미한 곳에서 행함이 있을지면
意諦以有黠 의 체 이 유 할	마음을 살피는 지혜로움 있을지니
是能奉佛教 시 능 봉 불 교	이에 부처님 가르침 받들 수 있도다.

22-11

諸惡莫作 제 악 막 작	모든 악함을 짓지 말고
諸善奉行 제 선 봉 행	모든 착함을 받들어 행하며
自淨其意 자 정 기 의	스스로 그 마음 깨끗이 하면
是諸佛教 시 제 불 교	이 모든 것이 부처님 가르침이노라.

22-12

佛爲尊貴
불 위 존 귀

부처님께서는 높고 귀하시어

斷漏無婬
단 루 무 음

번뇌를 끊고 애욕을 없애시오니

諸釋中雄
제 석 중 웅

모든 석씨 중 으뜸이시어서

壹群從心
일 군 종 심

모든 무리들이 마음으로 따르노라.

22-13

快哉福報
쾌 재 복 보

유쾌하도다. 복의 과보 있으니

所願皆成
소 원 개 성

원하는 바를 모두 이루고

敏於上寂
민 어 상 적

최상의 고요함에 깊이 통할지면

自致泥洹
자 치 니 원

스스로 열반에 이르리라.

22-14

惑多自歸
혹 다 자 귀

많은 이들이 혹 스스로 돌아가

山川樹神
산 천 수 신

산이나 내 그리고 나무 신에 의지하며

廟立圖像
묘 립 도 상

사당을 세우고 형상을 그려놓으니

| 祭祠求福 | 사당에 제사하며 복을 구한다. |
| 제 사 구 복 | |

22-15

自歸如是	스스로 돌아가 의지함이 이와 같으니
자 귀 여 시	
非吉非上	좋은 것도 아니고 으뜸 되는 것도 아니어서
비 길 비 상	
彼不能來	그들이 능히 와 이를지라도
피 불 능 래	
度我衆苦	내 모든 괴로움 건너지 못하리라.
도 아 중 고	

22-16

如有自歸	만약 스스로 돌아가 의지할
여 유 자 귀	
佛法聖衆	부처님 가르침과 성자들 무리 있으면[185]
불 법 성 중	
道德四諦	바른 도와 덕과 네 가지 진실한 도리로[186]
도 덕 사 제	
必見正慧	반드시 바른 지혜로움 깨달을지어다.
필 견 정 혜	

---

185 성자聖者는 부처와 보살을 말하나 무심無心, 무욕無欲, 무아無我의 경지에 이른 수행자이기도 하다.

186 사성제四聖諦는 고苦, 집集, 멸滅, 도道를 가리킨다.

22-17

生死極苦
생사극고
삶과 죽음이 지극히 괴로우나

從諦得度
종제득도
진실한 도리 따라 저 건너 열반을 얻으리니

度世八道
도세팔도
세상 제도하는 여덟 가지 길 지키노라면[187]

斯除衆苦
사제중고
이 온갖 괴로움들 없어지니라.

22-18

自歸三尊
자귀삼존
스스로 삼보에 귀의하면[188]

最吉最上
최길최상
가장 높고 가장 좋은 복 받으리니

唯獨有是
유독유시
오로지 이들 만이 홀로 존재하시거늘

度一切苦
도일체고
모든 괴로움 건너 벗으리로다.

187 팔도八道는 깨달음과 열반에 도달하기 위해 지켜야 할 팔정도八正道를 말하며
   이는 정견正見, 정사正思, 정어正語, 정업正業, 정명正命, 정정진正精進, 정념正念,
   정정正定 등 여덟 가지이다.
188 삼존三尊은 중앙의 본존本尊과 양쪽에 모신 불보살을 말한다. 또한 불佛, 법法,
   승僧의 삼보三寶에 귀의하는 불교의 근본 수행을 말하기도 한다.

22-19

士如中正
사여중정
사람이 만약 치우치지 않고 올바르면

志道不慳
지도불간
바른 도에 뜻 두기를 아끼지 아니하거늘

利哉斯人
이재사인
이롭도다. 이 사람이여

自歸佛者
자귀불자
스스로 부처님께 귀의할 이로구나.

22-20

明人難值
명인난치
어둠 밝힌 이는 만나기 어렵거니와

亦不比有
역불비유
또한 비견될 만한 이도 있지 아니하나니

其所生處
기소생처
그가 태어나 사는 곳은

族親蒙慶
족친몽경
겨레와 일가들 모두 경사롭도다.

22-21

諸佛興快
제불흥쾌
모든 부처님 일어나시어 즐겁고

說經道快
설경도쾌
바른 도 설법하시나니 즐거우며

衆聚和快
중취화쾌
여러 무리들 조화롭게 어울려서 즐겁나니

和則常安
화즉상안
화합하면 항상 편안하도다.

23

안녕품安寧品

安寧品者 안 녕 품 자	안녕품의 장에서는
差次安危 차 차 안 위	편안함과 위태로움의 차이를 구분하고
去惡卽善 거 악 즉 선	악함을 버리고 착함으로 나아가면
快而不墮 쾌 이 불 타	즐겁고 악도에 떨어지지 않으리라 한다.[189]

---

189 안녕품은 4언4행의 서두 외에 총 14편이다. 그중 제1편부터 제13편까지 13편이
　　모두 4언4행이고 나머지 제14편만 5언4행으로 구성되었다.

23-1

我生已安
아 생 이 안

내 삶이 이미 편안하니

不慍於怨
불 온 어 원

원망함을 당해도 성내지 아니하거늘

衆人有怨
중 인 유 원

많은 이들이 원망함 있을지라도

我行無怨
아 행 무 원

나는 원망스러움 없이 행하리라.

23-2

我生已安
아 생 이 안

내 삶이 이미 편안하니

不病於病
불 병 어 병

병으로 아프지 아니하거늘

衆人有病
중 인 유 병

많은 이들이 아픔 있을지라도

我行無病
아 행 무 병

나는 아픈 고통 없이 행하리라.

23-3

我生已安
아 생 이 안

내 삶이 이미 편안하니

不慽於憂
불 척 어 우

걱정으로 근심하지 아니하거늘

衆人有憂
중 인 유 우

많은 이들이 근심 있을지라도

我行無憂　　나는 근심 없이 행하리라.
아행무우

23-4

我生已安　　내 삶이 이미 편안하니
아생이안

淸淨無爲　　행함이 없어 맑고 깨끗하거늘
청정무위

以樂爲食　　즐거움으로 양식을 삼으리라.
이락위식

如光音天　　마치 빛으로 소리 표하는 광음천 같이.[190]
여광음천

23-5

我生已安　　내 삶이 이미 편안하니
아생이안

澹泊無事　　아무 일 없어 욕심 없이 마음 편하거늘
담박무사

彌薪國火　　널리 섶나무 가득한 나라를 불태울지라도
미신국화

安能燒我　　어찌 나를 불사를 수 있으리오.
안능소아

---

190 광음천光音天은 색계色界 십팔천十八天의 이선천二禪天 중 세 번째 하늘을 가리킨
다. 이곳에 사는 중생은 음성이 없어 말을 할 때 입에서 정광淨光을 내어 말을
대신한다고 하며 인류의 시조가 이 하늘에서 내려왔다고 한다.

23-6

勝則生怨 승 즉 생 원	이기면 원망함이 생기고
負則自鄙 부 즉 자 비	지면 스스로 비루해지나니
去勝負心 거 승 부 심	이기고 지는 마음을 버리고
無爭自安 무 쟁 자 안	다툼을 없애면 스스로 편안하도다.

23-7

熱無過婬 열 무 과 음	뜨거운 열이 음욕보다 지나치지 아니하고
毒無過怒 독 무 과 노	독함도 성냄보다 지나치지 아니하며
苦無過身 고 무 과 신	괴로움도 육신보다 지나치지 아니하나
樂無過滅 낙 무 과 멸	즐거움은 번뇌를 멸함보다 지나치지 아니하다.

23-8

無樂小樂 무 락 소 락	조그마한 즐거움을 즐기지 말지니
小辯小慧 소 변 소 혜	조그마한 말솜씨나 조그마한 지혜보다
觀求大者 관 구 대 자	큰 것을 살펴 구하노라면

乃獲大安　이후 편안함도 크게 얻으리라.
내 획 대 안

23-9

我爲世尊　내가 세상의 존귀한 이 될지니[191]
아 위 세 존

長解無憂　길이 벗어나 근심이 없을지며
장 해 무 우

正度三有　삼계를 바르게 제도하노라면
정 도 삼 유

獨降衆魔　홀로 많은 악마들을 항복시키리라.
독 항 중 마

23-10

見聖人快　성스러운 이 뵈오니 기쁘고
견 성 인 쾌

得依附快　의지하며 가까이 할 이 얻으니 기쁘며
득 의 부 쾌

得離愚人　어리석은 이 벗어날 수 있거니와
득 리 우 인

爲善獨快　착한 이 되리니 혼자라도 기쁘도다.
위 선 독 쾌

191 세존世尊은 열 가지 부처님 이름 중 하나로 세상의 존경을 받는다는 의미가
　　포함되었다.

23-11

守正道快
수 정 도 쾌
바른 도 지키니 기쁘고

工說法快
공 설 법 쾌
바른 법 배우며 풀어 밝히니 기쁘며

與世無諍
여 세 무 쟁
세상 사람들과 더불어 다투지 아니하거니와

戒具常快
계 구 상 쾌
계율을 갖추니 항상 기쁘도다.

23-12

依賢居快
의 현 거 쾌
어진 이 의지하며 살면 즐거우니

如親親會
여 친 친 회
마치 친족들이 사이좋게 모인 것과 같거늘

近仁智者
근 인 지 자
어질고 지혜로운 이들 가까이하노라면

多聞高遠
다 문 고 원
많이 듣고 배우니 고상하고 심오해지노라.

23-13

壽命鮮少
수 명 선 소
사람의 수명은 아주 짧으니

而棄世多
이 기 세 다
세상에 있는 많은 것들을 버리고

學當取要
학 당 취 요
마땅히 중요한 것들 취하여 배울지면

令至老安　노년에 이르러 편안하게 되니라.
영지노안

23-14

諸欲得甘露　단 이슬 같은 부처님 말씀 모두 얻고자
제욕득감로

棄欲滅諦快　모든 집착들 버리고자 하면 즐거우리니[192]
기욕멸제쾌

欲度生死苦　삶과 죽음의 괴로움 건너고자 하거든
욕도생사고

當服甘露味　마땅히 단 이슬 맛을 맛볼지어다.
당복감로미

---

192 네 가지 변하지 않는 진리인 사성제四聖諦 중 멸성제 곧 멸제滅諦는 아상我相에
　　대한 집착과 현상에 대한 집착을 없애는 것을 말한다.

호희품好喜品

好喜品者
호희품자
호희품의 장에서는

禁人多喜
금인다희
사람들의 지나친 즐거움을 금하니

能不貪欲
능불탐욕
능히 탐하는 욕심을 내지 아니하면

則無憂患
즉무우환
곧 괴로움과 근심이 없다 한다.[193]

---

[193] 호희품은 4언4행의 서두 외에 총 12편으로 구성되었다. 그 중 제1편부터 제3편까지 3편은 5언4행이고 나머지 제4편부터 제12편까지 9편은 모두 4언4행으로 구성되었다.

24-1

違道則自順　바른 도를 어기면 스스로를 따르고
위 도 즉 자 순

順道則自違　바른 도를 따르면 스스로를 어기게 되나니
순 도 즉 자 위

捨義取所好　의로움 버리고 좋아하는 바를 찾을지면
사 의 취 소 호

是爲順愛欲　이는 애욕을 따르는 것이 된다.[194]
시 위 순 애 욕

24-2

不當趣所愛　마땅히 사랑하는 바에 뜻을 두지 말고
부 당 취 소 애

亦莫有不愛　또한 사랑하지 아니하는 것도 취하지 말지니
역 막 유 불 애

愛之不見憂　사랑하는 것은 보지 못하여 근심이나
애 지 불 견 우

不愛見亦憂　사랑하지 않는 것을 보는 것 또한 근심이니라.
불 애 견 역 우

---

194 애욕愛欲에서 애는 갈애渴愛 즉 매우 사랑함 또는 대단한 사랑을 뜻한다. 불교에서
　　대중이 목마를 때 물을 바라듯 오욕五慾에 애착하는 것을 뜻한다. 불교에서
　　깊은 바다에 비유된 애욕해愛欲海를 통해 한번 빠지면 헤어나기 어려움을 경계하
　　고 있다.

24-3

是以莫造愛 시 이 막 조 애	이로 인해 사랑을 짓지 말지나
愛憎惡所由 애 증 오 소 유	사랑은 미움과 싫어함에 연유된 바이나니
已除縛結者 이 제 박 결 자	이미 묶인 번뇌 없애버린 이는
無愛無所憎 무 애 무 소 증	사랑함도 없고 미워할 것도 없다.

24-4

愛喜生憂 애 희 생 우	사랑함과 기뻐함이 근심을 낳고
愛喜生畏 애 희 생 외	사랑함과 기뻐함이 두려움을 낳으니
無所愛喜 무 소 애 희	사랑하고 기뻐할 바가 없을지면
何憂何畏 하 우 하 외	무엇을 근심하고 무엇을 두려워하겠는가.

24-5

好樂生憂 호 락 생 우	좋아함과 즐거워함이 근심을 낳고
好樂生畏 호 락 생 외	좋아함과 즐거워함이 두려움을 낳으니
無所好樂 무 소 호 락	좋아하고 즐거워할 바가 없을지면

何憂何畏　무엇을 근심하고 무엇을 두려워하겠는가.
하 우 하 외

24-6

貪欲生憂　탐내어 욕심내면 근심을 낳고[195]
탐 욕 생 우

貪欲生畏　탐내어 욕심내면 두려움을 낳으니
탐 욕 생 외

解無貪欲　이를 벗어나 탐하는 욕심이 없을지면
해 무 탐 욕

何憂何畏　무엇을 근심하고 무엇을 두려워하겠는가.
하 우 하 외

24-7

貪法戒成　바른 법 욕심내며 계율을 이루니[196]
탐 법 계 성

至誠知慚　지극한 정성스러움은 부끄러움을 알거늘
지 성 지 참

行身近道　몸소 행하여 바른 도에 가까워지면
행 신 근 도

爲衆所愛　많은 이들에게 사랑받게 되리라.
위 중 소 애

---

195 탐욕貪欲은 삼독의 하나로 탐애貪愛 또는 탐착貪著이라고도 하며 자기 뜻에
　　맞는 물건이나 대상 등에 애착하며 탐내고 만족할 줄 모르는 것을 말한다.
196 탐貪은 범어 raga의 번역으로 온갖 고통과 번뇌의 우두머리이며 삼독의 첫째
　　항목이다.

欲態不出 욕 태 불 출	욕심내는 모습 내비치지 말고
思正乃語 사 정 내 어	바르게 생각하며 이후에 말할지니
心無貪愛 심 무 탐 애	마음으로 탐냄과 애착함이 없으면[197]
必截流渡 필 절 유 도	반드시 흐르는 번뇌 끊고 건너가리라.

24-9

譬人久行 비 인 구 행	비유하여 사람들이 오랫동안 다니다가
從遠吉還 종 원 길 환	먼 곳으로부터 즐겁게 돌아오고
親厚普安 친 후 보 안	두터운 친족들이 두루 편안하면
歸來歡喜 귀 래 환 희	돌아와 크게 기쁜 것과 같도다.

---

197 탐애貪愛는 오처五處인 색色(빛), 성聲(소리), 향香(냄새), 미味(맛), 촉觸(느낌)을
탐하여 애착하기 때문에 번뇌와 고통이 따름을 말한다. 또한 중생을 결박하는
아홉 가지 즉 구결九結의 첫 번째가 바로 애愛를 탐하는 애결愛結이다.

24-10

好行福者
호 행 복 자
복된 일 행하기를 좋아하는 이가

從此到彼
종 차 도 피
이곳에서 저곳까지 이르며

自受福祚
자 수 복 조
스스로 지은 복덕을 받을지면

如親來喜
여 친 내 희
마치 친족이 온 기쁨과 같으리라.

24-11

起從聖敎
기 종 성 교
성스러운 가르침 따라 움직이고

禁制不善
금 제 불 선
착하지 아니한 것은 금하고 단속하나니

近道見愛
근 도 견 애
바른 도 가까이 하면 사랑받게 되리나

離道莫親
이 도 막 친
바른 도 벗어나면 가까이하지 말지어다.

24-12

近與不近
근 여 불 근
도를 가까이하는 이와 가까이하지 않는 이는

所住者異
소 주 자 이
실제 거처하는 곳이 다를지니

近道昇天
근 도 승 천
바른 도 가까이하면 하늘에 오르고

不近墮獄
불 근 타 옥
가까이 하지아니하면 지옥에 떨어지리라.

25

분노품忿怒品

忿怒品者 분 노 품 자	분노품의 장에서는
見瞋恚害 견 진 에 해	성내어 원망하고 미워하며 해롭게 해도
寬弘慈柔 관 홍 자 유	너그러이 용서하며 자애롭고 부드럽게 하면
天祐人愛 천 우 인 해	하늘이 돕고 사람들이 사랑한다고 한다.[198]

---

[198] 분노품은 4언4행의 서두 외 총 26편으로 구성되었다. 그중 제1편과 제2편은 5언4행이고 제8편과 제18편은 4언6행이며 나머지 22편은 모두 4언4행으로 구성되었다. 이와 같이 이종기본과 한명숙은 총 26편이나 이기석은 제20편과 제22편이 4언6행이고 제21편은 4언4행이어서 총 25편이다.

25-1

忿怒不見法
분노불견법

분함으로 성내면 바른 법 보지 못하고

忿怒不知道
분노부지도

분함으로 성내면 바른 도 알지 못할지나

能除忿怒者
능제분노자

분함과 성냄을 없앨 수 있는 이는

福喜常隨身
복희상수신

복덕과 기쁨이 항상 자신을 따르니라.

25-2

貪婬不見法
탐음불견법

음탕한 욕심으로 탐하면 바른 법 보지 못하고

愚癡意亦然
우치의역연

못나고 어리석은 마음 또한 그러하리나

除婬去癡者
제음거치자

음욕을 버리고 어리석음 벗어나는 이는

其福第一尊
기복제일존

그 복덕이 가장 높으니라.

25-3

恚能自制
에능자제

성냄을 스스로 절제할 수 있으면

如止奔車
여지분거

마치 급히 달리는 수레 멈추기와 같으니

是爲善御
시위선어

이를 잘 거느려 따르게 될지면

棄冥入明
기명입명

어두운 어리석음 버리고 밝은 지혜로움으로 들어간다.

228

25-4

忍辱勝恚
인욕승에
욕됨을 참으면 성냄을 이기고

善勝不善
선승불선
착함은 착하지 못함을 이기나니

勝者能施
승자능시
이긴 이가 베풀 수 있으면

至誠勝欺
지성승기
그 지극한 정성스러움은 거짓됨도 이긴다.

25-5

不欺不怒
불기불노
속이지 아니하고 성내지 아니하며

意不多求
의부다구
마음이 많이 바라지 아니하나니

有是三事
유시삼사
이 세 가지를 다스릴 수 있으면

死則上天
사즉상천
죽어서 곧 하늘에 오르리라.

25-6

常自攝身
상자섭신
항상 스스로 몸을 단정히 하고

慈心不殺
자심불살
자비로운 마음으로 해치지 아니하면

是生天上
시생천상
바로 천상계에 태어나리니

到彼無憂　그곳에 이르면 근심이 없도다.
도 피 무 우

25-7

意常覺寤　마음이 항상 깨어 있으니
의 상 각 오

明暮勤學　밤낮으로 부지런히 배우노라면
명 모 근 학

漏盡意解　번뇌 다한 마음도 벗어나리니
누 진 의 해

可致泥洹　가히 열반에 이르리라.
가 치 니 원

25-8

人相謗毁　사람들이 서로 헐뜯고 비방하기를
인 상 방 훼

自古至今　예로부터 지금까지 이르니
자 고 지 금

旣毁多言　이미 말이 많다고 헐뜯고
기 훼 다 언

又毁訥忍　또 어눌하여 차마 못한다고 헐뜯으며
우 훼 눌 인

亦毁中和　또한 치우치지 아니하고 조화로워도 헐뜯나니
역 훼 중 화

世無不毁　세상에 헐뜯지 아니한 것이 없도다.
세 무 불 훼

25-9

欲意非聖 욕 의 비 성	욕심내는 마음은 도를 닦는 마음 아니니[199]
不能制中 불 능 제 중	이를 알맞게 절제할 수 없으면
一毀一譽 일 훼 일 예	한 마디 헐뜯음과 한 마디 칭찬이라도
但爲利名 단 위 이 명	다만 이로움과 명성을 위한 것일 뿐이다.

25-10

明智所譽 명 지 소 예	밝은 지혜로 기리게 되는 바는
唯稱是賢 유 칭 시 현	오직 이만이 현명하다 일컫나니
慧人守戒 혜 인 수 계	슬기로운 이가 계율을 지키노라면
無所譏謗 무 소 기 방	헐뜯거나 나무랄 바가 없도다.

25-11

如羅漢淨 여 라 한 정	마치 아라한 같이 맑으면[200]

---

199 성자聖者는 불교에서 부처와 보살을 말하며 또한 무심無心, 무욕無慾, 무아無我의
경지에 이른 수행자를 말하기도 한다.

200 아라한阿羅漢은 존경 받을 만한 분이라는 뜻으로 소승불교의 교법을 수행하는
성문聲聞 사과四果 중 최고의 경지이다. 또한 부처님의 열 가지 이름 중 하나이기

莫而誣謗　　헐뜯거나 나무랄 것이 없을지니
막 이 무 방

諸人咨嗟　　모든 이들이 탄복하며
제 인 자 차

梵釋所稱　　범천이나 제석천이라 일컫는 바이다.
범 석 소 칭

25-12

常守愼身　　항상 몸을 삼가 지키면
상 수 신 신

以護瞋恚　　성내고 원망하는 마음도 지켜 보호하나니
이 호 진 에

除身惡行　　몸소 악한 행함을 버리고
제 신 악 행

進修德行　　나아가 덕스러운 행함을 닦을지어다.
진 수 덕 행

25-13

常守愼言　　항상 말을 삼가 지키면
상 수 신 언

以護瞋恚　　성내고 원망하는 마음도 지켜 보호하나니
이 호 진 에

除口惡言　　입으로 나쁘게 욕한 말 버리고
제 구 악 언

誦習法言　　부처님 말씀 익혀 읊을지어다.
송 습 법 언

도 하다.

25-14

常守愼心 상 수 신 심	항상 마음을 삼가 지키면
以護瞋恚 이 호 진 에	성내고 원망하는 마음도 지켜 보호하나니
除心惡念 제 심 악 념	마음 속 악한 생각을 버리고
思惟念道 사 유 념 도	바른 도 생각하며 헤아려 깨달을지어다.[201]

25-15

節身愼言 절 신 신 언	몸을 절제하고 말을 삼가면
守攝其心 수 섭 기 심	그 마음도 가다듬어 지키나니
捨恚行道 사 에 행 도	성냄을 버리고 바른 도를 행하며
忍辱最强 인 욕 최 강	욕됨을 참는 것이 가장 강하나라.

---

201 사유思惟는 일반적으로 생각을 말한다. 또한 철학적으로는 정신의 이론적 혹은
추리적 활동으로 경험을 통해 주어진 감각 내용이나 표상을 마음속에서 구별하
고 결합하여 판단을 내리는 이성 작용이다. 또한 불교적으로 대상을 분별하거나
정토의 장엄함을 관찰하는 것을 말한다. 한편 분별은 사유 또는 계탁計度이라고
하며 사량분별은 집착과 함께 금기시하나 사유는 또한 바른 생각으로 사제四諦의
이치를 깨닫는 정사유正思惟(팔정도八正道의 하나)와 그 반대인 부정사유不正思惟
(팔사八邪의 하나)가 있다.

25-16

捨恚離慢
사에리만
성냄을 버리고 교만함을 떨쳐내며

避諸愛貪
피제애탐
모든 애착과 탐욕을 피하노라면

不著名色
불착명색
명예와 물질에 집착하지 아니하리니[202]

無爲滅苦
무위멸고
행함이 없어 괴로움도 없노라.

25-17

起而解怒
기이해노
분노가 일어도 성냄에서 벗어나고

婬生自禁
음생자금
음욕이 생기어도 스스로 금하며

捨不明健
사불명건
밝지 못한 어리석음 버리기를 굳세게 하면

斯皆得安
사개득안
이들 모두가 편안할 수 있노라.

25-18

瞋斷臥安
진단와안
성냄을 그치어 누운 듯 편안하면

恚滅婬憂
에멸음우
성냄도 음욕의 근심 없애듯 할지니

---

202 명색名色은 허망한 이름과 형상 또는 일체의 정신적 존재와 물질적 존재를
뜻한다.

怒爲毒本　분노는 독의 근본이 될지나[203]
노 위 독 본

奯意梵志　너그러운 마음은 맑고 깨끗한 뜻이나니
연 의 범 지

言善得譽　말이 착하면 칭찬을 받고
언 선 득 예

斷爲無患　행함을 그치면 근심이 없도다.
단 위 무 환

25-19

同志相近　뜻이 같아 서로 가까워도
동 지 상 근

詐爲作惡　속임수로 악행을 짓게 되면
사 위 작 악

後別餘恚　떠난 후 원망함이 남을지니
후 별 여 에

火自燒惱　불이 스스로를 태우듯 괴로우리라.
화 자 소 뇌

25-20

不知慚愧　부끄러움을 알지 못하니
부 지 참 괴

無戒有怒　계율이 없고 분노만 있으나
무 계 유 노

---

203 온갖 고통과 번뇌의 근원인 탐貪(탐욕), 진瞋(성냄), 치癡(무지)를 삼독三毒이라고
　　하며 삼근三根이라고도 한다.

爲怒所牽
위 노 소 견
분노함에 이끌리게 되는 바이면

不厭有務
불 염 유 무
억누르지 못하여 애써 분노하고 있다.[204]

25-21

有力近兵
유 력 근 병
힘이 있으면 병사에 가깝고

無力近奧
무 력 근 연
힘이 없으면 연약한 이에 가까우리니

夫忍爲上
부 인 위 상
대개 참는 것이 최상이라 하면

宜常忍羸
의 상 인 리
항상 약한 대상에 참는 것이 옳으니라.

25-22

擧衆輕之
거 중 경 지
온 무리가 이를 가볍게 보아도

有力者忍
유 력 자 인
힘이 있는 이는 참을지니

夫忍爲上
부 인 위 상
대개 참는 것이 최상이라 하나

宜常忍羸
의 상 인 리
항상 약한 대상에 참는 것이 옳으니라.

---

204 염厭은 흔히 아는 '싫어할' 외에 '편할, 만족할, 괴로울, 누를(진압), 덜(손損),
끊을' 등 다양한 뜻이 있다.

自我與彼
자 아 여 피　　내 스스로와 그가

大畏有三
대 외 유 삼　　크게 두려워하는 것 세 가지가 있으니

如知彼作
여 지 피 작　　만약 그가 지은 행함을 안다면

宜滅己中
의 멸 기 중　　마땅히 자기 마음속 생각을 없앨지어다.

俱兩行義
구 양 행 의　　둘 다 바른 뜻을 행하도록 갖추고

我爲彼敎
아 위 피 교　　내가 그를 위해 가르치게 되더라도

如知彼作
여 지 피 작　　만약 그가 지은 행함을 안다면

宜滅己中
의 멸 기 중　　마땅히 자기 마음속 생각을 없앨지어다.

善智勝愚
선 지 승 우　　착하고 지혜로우면 어리석음을 이기니

麤言惡說
추 언 악 설　　말이 거칠고 나쁘게 욕하더라도

欲常勝者
욕 상 승 자　　항상 이기고자 하는 이는

於言宜嘿　그 말에 침묵하는 것이 마땅하도다.
어 언 의 묵

25-26

夫爲惡者　대개 악함을 행하는 이가
부 위 악 자

怒有怒報　성내면 성냄의 과보 있을지니
노 유 노 보

怒不報怒　분노해도 분노함으로 갚지 아니하면
노 불 보 노

勝彼鬪負　다투어 패해도 그를 이긴 것이니라.
승 피 투 부

26

진구품塵垢品

塵垢品者 진 구 품 자	진구품의 장에서는
分別淸濁 분 별 청 탁	맑음과 탁함을 따져 가려내고[205]
學當潔白 학 당 결 백	마땅히 깨끗함을 배우니
無行汚辱 무 행 오 욕	더럽고 욕되는 행함이 없다 한다.[206]

[205] 맑음과 탁함을 뜻하는 청탁淸濁은 바름과 바르지 못함의 정사正邪, 착함과 악함의 선악善惡, 현명함과 어리석음의 현우賢愚, 세상 다스려짐과 문란함 등과 비유된다.

[206] 진구품은 4언4행의 서두 외에 총 19편으로 구성되었다. 그중 제1편부터 제4편까지 그리고 제7편부터 제16편까지 모두 14편이 4언4행이며 나머지 5편 즉 제5편과 제6편 그리고 제17편부터 제19편까지는 5언4행으로 구성되었다.

26-1

生無善行 생 무 선 행	살아서 착한 행함이 없으면
死墮惡道 사 타 악 도	죽어서 악도에 떨어지리나[207]
往疾無間 왕 질 무 간	겨를도 없이 가기에 급급하나니
到無資用 도 무 자 용	이르러 쓸 재물이 없으리라.

26-2

當求智慧 당 구 지 혜	마땅히 지혜로움을 추구하면
以然意定 이 연 의 정	그러함에 따라 마음이 안정되나니
去垢勿汚 거 구 물 오	묻은 때 없애고 더럽히지 않노라면
可離苦形 가 리 고 형	괴로움의 형체 벗어날 수 있도다.

---

207 악도惡道는 악취惡趣라고도 하며 현세에서 악하게 한 결과 다시 태어난다는 지옥, 아귀, 축생, 수라도 등과 같은 곳이다. 이때 도道는 이런 곳에 이르는 길 또는 이러한 세계를 뜻한다.

26-3

慧人以漸 혜 인 이 점	지혜로운 이가 차차 나아가며
安徐稍進 안 서 초 진	편안하게 서서히 조금씩 정진하노라면
洗除心垢 세 제 심 구	마음의 때 씻어 없앨지어다.
如工鍊金 여 공 연 금	마치 장인이 쇠붙이를 단련하는 것과 같이.

26-4

惡生於心 악 생 어 심	악함이 마음에 일어나면
還自壞形 환 자 괴 형	도리어 그 형체를 스스로 망가뜨리나니
如鐵生垢 여 철 생 구	마치 쇠붙이에 녹이 생긴 것같이
反食其身 반 식 기 신	도리어 그 자신을 잠식하노라.

26-5

不誦爲言垢 불 송 위 언 구	글을 읽지 아니하면 말을 더럽히게 되고
不勤爲家垢 불 근 위 가 구	부지런하지 아니하면 집안을 더럽히게 되며
不嚴爲色垢 불 엄 위 색 구	엄중하지 아니하면 명색을 더럽히게 되나[208]

放逸爲事垢　함부로 제멋대로 하면 일을 더럽히게 된다.
방일위사구

26-6

慳爲惠施垢　인색함은 은혜로이 베푸는 보시를 더럽히고
간위혜시구

不善爲行垢　착하지 아니함은 행함을 더럽히게 될지니[209]
불선위행구

今世亦後世　지금 세상에서나 또한 다음 세상에서나
금세역후세

惡法爲常垢　바르지 못한 법은 다함 없는 법성을 더럽히리라.[210]
악법위상구

26-7

垢中之垢　　부끄러움 중의 부끄러움은
구중지구

莫甚於癡　　어리석음보다 심한 것이 없을지니
막심어치

---

208 색色은 눈으로 볼 수 있는 구체적 형체를 가진 물질적 존재로 색신色身, 색심色心, 색법色法 등이 있다. 또한 명색名色은 허망한 이름과 형상 또는 일체의 정신적 혹은 물질적 존재를 가리킨다.

209 행行은 오온과 십이인연의 하나로 신身, 구口, 의意로 지은 선악 일체의 원천적 행위를 말한다.

210 상常은 범어 nitya의 번역으로 상주常住라고도 한다. 곧 영원히 존재하거나 멸함이 없는 것으로 연기법성緣起法性의 이치나 공空 또는 여래의 법신法身과 같다. 다시 말해 변화 속의 불변의 이치 또 불변의 이치 속의 영원한 변화가 곧 우주의 실체이며 진여 법성임을 뜻한다.

| 學當捨惡
학 당 사 악 | 배우고 마땅히 악함을 버리노라면 |
| 比丘無垢
비 구 무 구 | 수행자 비구는 부끄러움이 없도다. |

26-8

苟生無恥 구 생 무 치	진실로 부끄러워하지 아니하는 삶은
如鳥長喙 여 조 장 훼	마치 새의 긴 부리와 같나니
强顔耐辱 강 안 내 욕	굳세어 뻔뻔한 얼굴로 욕됨을 견디면
名曰穢生 명 왈 예 생	이름하여 더러운 삶이라 이른다.

26-9

廉恥雖苦 염 치 수 고	청렴하여 부끄러움 아는 마음 비록 괴로워도
義取淸白 의 취 청 백	바른 뜻 거두어 맑고 깨끗하나니[211]
避辱不妄 피 욕 불 망	욕됨을 피하고 법에 어긋나지 아니하면
名曰潔生 명 왈 결 생	이름하여 정결한 삶이라 이른다.

---

211 취의取義는 뜻을 파악한다는 뜻 외에 의로움을 위해 목숨을 버린다는 뜻이다.

26-10

愚人好殺
우인호살
어리석은 이는 산 것 죽이기 좋아하고

言無誠實
언무성실
말은 정성과 참됨이 없으며

不與而取
불여이취
주지 않을지라도 빼앗아 거두나니

好犯人婦
호범인부
남의 부인도 심히 범한다.

26-11

逞心犯戒
영심범계
제 마음대로 계율을 범하고

迷惑於酒
미혹어주
술에 정신을 빼앗기어 사리 밝지 못하니

斯人世世
사인세세
이러한 사람들은 대대로

自掘身本
자굴신본
자신의 밑뿌리를 스스로 파내리라.

26-12

人如覺是
인여각시
사람들이 만약 이를 깨달으면

不當念惡
부당념악
마땅히 악함을 생각하지 않을지나

愚近非法
우근비법
어리석어 바른 법 아닌 것들 가까이 하니

久自燒沒
구 자 소 몰
오래도록 스스로를 불살라 없앤다.

26-13

若信布施
약 신 보 시
만약 믿음으로 베푼다 하면서

欲揚名譽
욕 양 명 예
이름을 기리며 드날리고자 하면

會人虛飾
회 인 허 식
사람들 모아서 헛되이 꾸미리니

非入淨定
비 입 정 정
맑고 깨끗한 선정에 들지 못하리라.

26-14

一切斷欲
일 체 단 욕
모든 욕심을 끊고

截意根原
절 의 근 원
마음의 근본 바탕을 베어내며

晝夜守一
주 야 수 일
밤낮으로 한결같이 지키노라면

必入定意
필 입 정 의
반드시 마음 안정된 선정에 들리라.

26-15

著垢爲塵
착 구 위 진
때가 묻어 더럽게 되면

從染塵漏
종 염 진 루
그로부터 세상 번뇌에 물드나니

不染不行
불 염 불 행

물들지 아니하고 행하지 않을지면

淨而離愚
정 이 이 우

깨끗하여 어리석음에서 벗어나노라.

26-16

見彼自侵
견 피 자 침

자신을 침범하는 그것을 깨닫고

常內自省
상 내 자 성

항상 자신의 속마음을 되살펴 볼지니[212]

行漏自欺
행 루 자 기

번뇌를 행하며 스스로를 속일지면

漏盡無垢
누 진 무 구

번뇌를 다하여 더러움을 없앨지어다.

26-17

火莫熱於婬
화 막 열 어 음

불길은 음욕보다 뜨겁지 아니하고

捷莫疾於怒
첩 막 질 어 노

민첩함은 분노보다 빠르지 아니하며

網莫密於癡
망 막 밀 어 치

그물은 어리석음보다 빽빽하지 아니하나

愛流駃乎河
애 류 사 호 하

애욕의 흐름은 강물보다 급히 내닫노라.

---

212 내관內觀은 바깥 경계에 따라 생각을 일으키지 않고 마음을 고요히 하여 자신의
내면을 관찰하는 것을 뜻한다.

虛空無轍迹　텅 빈 하늘에는 수레 지난 자취 없고[213]
허 공 무 철 적

沙門無外意　수행자 사문은 다른 마음 없을지니
사 문 무 외 의

衆人盡樂惡　많은 이들 모두가 악함을 즐겨 행할지언정
중 인 진 낙 악

唯佛淨無穢　오로지 부처님만은 티 없이 맑고 깨끗하시도다.
유 불 정 무 예

26-19

虛空無轍迹　텅 빈 하늘에는 수레 지난 자취 없고
허 공 무 철 적

沙門無外意　수행자 사문은 다른 마음 없을지며
사 문 무 외 의

---

213 허공虛空은 온갖 물체를 여의고 아무 것도 없는 곳으로서 무변의 허공과 같으며 공계空界와도 같다. 그러나 공계空界는 공간과 같은 뜻도 있어서 허공이 비색非色, 무견無見, 무대無對, 무루無漏, 무위無爲임에 비해 공간을 뜻하는 공계는 시색是色, 유견有見, 유대有對, 유루有漏, 유위有爲로 비교된다.

이에 공空과 대비해보면 공은 일반적으로 있던 것이 없어진 텅빈 상태를 뜻하는 것이 아니고 모든 현상은 원래 자성自性(성품, 번뇌 떠난 본래 마음, 본래면목, 자상自相)이 없어 무자성이며 인연 따라 생멸生滅하기 때문에 실재할 수 없다는 뜻이다. 결국 집착을 버리라는 뜻에서 일컬어진 공은 중도中道와도 같고 나아가 지혜의 등불 또는 진여眞如(불성, 법신, 자성청정심自性淸淨心 등) 또는 반야般若(법法의 참다운 이치에 부합한 최상의 지혜)의 다른 이름이기도 하다.

世間皆無常　세상 모든 것이 항상 하지 아니할지니[214]
세 간 개 무 상

佛無我所有　부처님께서는 내 고유한 존재로서 실체가 없으시도다.[215]
불 무 아 소 유

---

214 이미 말한 바와 같이 무상無常은 비상非常이라고도 하며 생사와 희로애락을
　　포함한 모든 존재의 덧없음을 말하나 본질적으로 그 어느 것도 고정 불변하지
　　않고 돌고 도는 자연과 같아서 궁극적으로 불변의 영원한 실체가 될 수 없는
　　우주의 법칙을 말하고 있다. 결국 무상한 변화의 수레바퀴는 돌고 도는 자연과
　　일체 되어 적정 열반이 되니 완전한 허공과 같은 자유인이 된다.

215 무소유無所有는 무소득無所得 또는 무소득공無所得空이라 하여 공空에 대한 다른
　　이름이기도 하다. 즉 무상無相의 이치를 깨달아 마음속에 집착과 분별함이
　　없음을 말하며 이는 소유가 의미하는 바 존재 또는 유有의 반대인 공무空無를
　　나타낸다. 또한 우주에 있는 모든 유형과 무형의 사물을 가리키는 제법諸法이
　　무아無我임을 알아 얻을 것이 없으니 집착할 것도 없다. 이때 무아는 '내가
　　없다.'라기 보다 고정 불변의 자성이 없다는 뜻으로 일찍이 색, 수, 상, 행,
　　식 즉 오온의 결합체로 본 '나'의 고유한 자성으로서 실체가 없다는 뜻이다.

봉지품奉持品

奉持品者 봉 지 품 자	봉지품의 장에서는
解說道義 해 설 도 의	바른 도의 뜻을 풀어 밝히니
法貴德行 법 귀 덕 행	바른 법은 어질고 너그러운 행함을 귀히 여기고
不用貪侈 불 용 탐 치	사치와 탐욕을 부리지 않는다 한다.[216]

---

216 봉지품은 4언4행의 서두 외에 총 17편으로 구성되었다. 그중 제4편만 4언6행이고
나머지 16편은 모두 4언4행으로 구성되었다.

27-1

好經道者 호 경 도 자	바른 법과 도를 좋아하는 이는[217]
不競於利 불 경 어 리	이로움에 대해 다투지 아니하나니
有利無利 유 리 무 리	이로움이 있거나 이로움이 없거나
無欲不惑 무 욕 불 혹	욕심이 없어 미혹되지 아니한다.

27-2

常愍好學 상 민 호 학	항상 총명하여 배우기 좋아하고
正心以行 정 심 이 행	바른 마음으로 행하며
擁懷寶慧 옹 회 보 혜	보배로운 지혜를 가슴에 품으면
是謂爲道 시 위 위 도	이를 바른 도 행한다 이른다.

---

217 경經은 범어 sutra의 번역으로 정경正經이라고도 한다. 곧 석존께서 설법하신
가르침으로 율律과 논論과 함께 삼장三藏의 하나로 경장經藏이라고도 한다.

27-3

所謂智者 소 위 지 자	이른 바 지혜로운 이는
不必辯言 불 필 변 언	반드시 말을 잘해서만이 아니고
無恐無懼 무 공 무 구	겁내지 아니하고 두려워하지 아니하며
守善爲智 수 선 위 지	착함을 지키나니 지혜롭다 한다.

27-4

奉持法者 봉 지 법 자	바른 법 받들어 지닌 이는
不以多言 불 이 다 언	말을 많이 하기 때문만이 아니고
雖素少聞 수 소 소 문	비록 본래 듣고 배운 것이 적더라도
身依法行 신 의 법 행	몸소 바른 법 따라 행하며
守道不忌 수 도 불 기	바른 도 지키기를 꺼리지 아니하나니
可謂奉法 가 위 봉 법	바른 법 받든다 이를 수 있다.

27-5

所謂老者
소 위 노 자

이른 바 나이가 많다는 이는

不必年耆
불 필 연 기

반드시 나이가 많아서만은 아니리니

形熟髮白
형 숙 발 백

하얗게 된 머리와 주름진 형체만은 아니고

惷愚而已
준 우 이 이

단지 아둔한 어리석음 때문일 뿐이다.

27-6

謂懷諦法
위 회 제 법

이르기를 진리와 바른 법을 품고

順調慈仁
순 조 자 인

어짊과 덕스러움이 부드럽게 조화되며

明遠淸潔
명 원 청 결

밝고 심원한 지혜로 맑고 깨끗하면

是爲長老
시 위 장 노

이를 학식과 경험이 많은 어른이라 한다.

27-7

所謂端政
소 위 단 정

이른바 근본이 바르다 함은

非色如花
비 색 여 화

얼굴빛이 꽃 같다는 것이 아닐지니

慳嫉虛飾
간 질 허 식

인색하고 시기하며 헛되이 꾸미노라면

言行有違
언행유위
말과 행위가 어긋나는 것이 있도다.

27-8

謂能捨惡
위능사악
악함을 버릴 수 있다 이르면

根原已斷
근원이단
그 근본 바탕을 이미 끊으리니

慧而無恚
혜이무에
지혜롭고 성내지 아니할지면

是謂端政
시위단정
이를 근본이 바르다 이른다.

27-9

所謂沙門
소위사문
이른 바 수행자 사문은

非必除髮
비필제발
반드시 머리를 깎는 것만은 아닐지니

妄語貪取
망어탐취
사리에 어긋난 말을 하고 탐내어 집착하면[218]

---

218 취取는 애착愛着에서 일어나는 집착을 뜻하며 번뇌에 대한 총칭이기도 하다.
특히 십이연기十二緣起의 하나로 이것이 생김으로 저것이 생기며 이것이 멸함으
로 저것이 멸한다는 상의상대相依相待적 관계의 하나이다. 즉 ①무명이 행위를
낳고 ②행위는 분별을 낳고 ③분별은 명색名色을 낳고 ④명색은 대상을 낳고
⑤대상은 접촉을 낳고 ⑥접촉은 느낌을 낳고 ⑦느낌은 애착을 낳고 ⑧애착은
집착을 낳고 ⑨집착은 취取함을 낳고 ⑩취함은 유有를 낳고 ⑪유는 태어남을
낳고 ⑫태어남은 늙음과 죽음을 낳는다. 이를 역으로 하면 ①무명이 사라지면

有欲如凡　　욕심 있는 보통 사람과 같도다.[219]
유욕여범

27-10

謂能止惡　　악함을 능히 그친다 이르고
위능지악

恢廓弘道　　바른 도를 널리 열어 펼치며
회확홍도

息心滅意　　마음을 쉬고 생각을 끊어 없애면
식심멸의

是爲沙門　　이를 수행자 사문이라 한다.
시위사문

27-11

所謂比丘　　이른바 수행자 비구는
소위비구

非時乞食　　끼니를 구걸하여 먹어서가 아닐지니
비시걸식

邪行婬彼　　그릇되어 남에게 음란함을 행하면
사행음피

稱名而已　　이름만 칭할 뿐이로다.
칭명이이

───

행위가 사리지고 ②행위가 사라지면 분별이 사라지며…… ⑫태어남이 사라지
면 늙음과 죽음이 사라진다.

219 범부凡夫는 성자聖者에 대해 어리석은 범용凡庸한 사부士夫로 인간을 말한다.
불교적으로 아직 번뇌에 얽매어 생사를 벗어나지 못한 사람이며 깨우치면
부처가 되나 아직 자신이 부처인 줄 모르는 범부이기도 하다.

27-12

謂捨罪福 위 사 죄 복	죄와 복덕을 버린다 이르고
淨修梵行 정 수 범 행	청정한 행함을 깨끗하게 닦으며
慧能破惡 혜 능 파 악	지혜로움으로 악함을 깨트릴 수 있으면
是爲比丘 시 위 비 구	이를 수행자 비구라 하노라.

27-13

所謂仁明 소 위 인 명	이른 바 어질고 지혜롭다 함은
非口不言 비 구 불 언	입으로 그릇되게 말하지 아니해도
用心不淨 용 심 부 정	마음 씀씀이가 청정하지 못하면
外順而已 외 순 이 이	겉으로만 좇을 뿐이로다.

27-14

謂心無爲 위 심 무 위	이르기를 마음으로 행함이 없다 함은
內行淸虛 내 행 청 허	마음속 행함이 맑고 텅 빌지니
此彼寂滅 차 피 적 멸	이것 저것 모두 떠나 고요하면[220]

是爲仁明　　이를 어질고 지혜롭다 하노라.
시 위 인 명

27-15

所謂有道　　이른바 바른 도가 있다 함은
소 위 유 도

非救一物　　오로지 한 대상만을 구제함이 아닐지니[221]
비 구 일 물

普濟天下　　천하를 널리 제도하여
보 제 천 하

無害爲道　　해로운 악함을 없애면 바른 도이니라.
무 해 위 도

27-16

戒衆不言　　계율이 많다고 말하지 아니하고
계 중 불 언

我行多誠　　내 행함에 많은 정성을 들이며[222]
아 행 다 성

---

220 적멸寂滅은 미혹迷惑과 생사의 인과를 떠난 경계로 열반과 해탈을 뜻한다.

221 일물一物은 불가에서 마음 또는 본래 면목이라고도 하나 원래 『주역』에서
　　처음 나온 말로 '어떤 것'이란 뜻이다. 덧붙이면 유식唯識에서는 우주의 본체를
　　가리키며 유가儒家에서는 태극을 가리키고 도가道家에서는 천하모天下母를 가
　　리킨다고 한다.

222 아我는 주재主宰, 자아自我, 신체身體의 뜻이 있으며 나아가 자기 자체 곧 자기
　　주관의 중심을 뜻한다. 불교에서 실아實我(범부의 망정妄情에 스스로 존재하는 나),
　　가아假我(실제 나로 존재하기보다 오온에 의한 몸으로 다른 것과 구별되는 나), 진아眞我
　　(대승에서 지혜의 완성으로 보는 열반 사덕四德인 상常, 락樂, 아我, 정淨 중의 아我는

256

得定意者 득 정 의 자	마음 집중하여 안정할 수 있는 이는
要由閉損 요 유 폐 손	반드시 굳게 닫고 덜어냄에 기인하도다.

27-17

意解求安 의 해 구 안	마음 벗어나 안락함을 구하거든
莫習凡人 막 습 범 인	어리석은 사람들 답습하지 말지니
使結未盡 사 결 미 진	결박된 번뇌 다하지 못하게 되노라면[223]
莫能得脫 막 능 득 탈	벗어나 깨달음 얻을 수 없도다.[224]

부처라는 뜻이다)로 나누어 본다.

223 속박된 결박結縛은 번뇌의 다른 이름으로 이를 풀기 위해 수행이 필요하나 방편 없는 지혜도 속박이며 지혜 없는 방편 또한 속박이어서 이를 풀어야 진정한 깨우침이 된다.

224 해탈解脫은 불교의 궁극적 목적으로 일체의 집착과 번뇌의 속박에서 벗어나 걸림 없는 대 자유인 영원한 열반에 도달하는 것을 뜻한다. 그럼에도 해탈의 집착조차 벗어나는 무착無着이 진정한 해탈이라고 말한다.

도행품道行品

道行品者
도행품자

旨說大要
지설대요

度脫之道
도탈지도

此爲極妙
차위극묘

도행품의 장에서는

크게 중요한 뜻을 풀어 밝히니

저 건너 깨달음에 이르는 길에 대해[225]

이는 참으로 미묘하다 한다.[226]

---

225 득도得道는 오묘한 이치인 대도大道를 깨닫는 것을 말한다. 이는 제행무상과
제법무아의 진리를 깨닫는 것으로 다양한 변화 속의 불변의 이치와 불변의
이치 속의 다양한 온갖 현상의 변화를 깨달아 피안의 세계에 이름을 뜻한다.

226 도행품은 4언4행의 서두 외에 총 28편으로 구성되었다. 그중 제1편부터 제9편까
지 9편과 제23편부터 제28편까지 6편을 더해 모두 15편이 5언4행이고 나머지
제10편부터 제22편까지 13편은 모두 4언4행으로 구성되었다.

28-1

八直最上道　여덟 가지 바른 길이 최상의 도이고[227]
팔 직 최 상 도

四諦爲法迹　네 가지 불변의 진리는 바른 법의 자취이니[228]
사 제 위 법 적

不婬行之尊　음란하지 아니함은 가장 높은 행함이나
불 음 행 지 존

施燈必得眼　부처님 도 널리 펴면 반드시 밝은 눈 얻을지어다.[229]
시 등 필 득 안

28-2

是道無復畏　이 바른 도로 다시는 두려움 없으리니
시 도 무 부 외

見淨乃度世　깨끗함을 깨닫고 이후 세상을 건널진대
견 정 내 도 세

此能壞魔兵　이에 능히 악한 무리들 무너뜨리고
차 능 괴 마 병

力行滅邪苦　힘써 행하면 그릇된 괴로움 없어지리라.
역 행 멸 사 고

---

227 다시 말해 깨달음과 열반에 이르는 여덟 가지 바른 도인 팔정도八正道는 ①바른
견해(正見) ②바른 생각(正思) ③바른 말(正言) ④바른 행위(正業) ⑤바른 생활(正
命) ⑥바른 노력(正精進) ⑦바른 집중(正念) ⑧바른 수행(正定)을 말한다.

228 사성제四聖諦는 영원히 변하지 않는 네 가지 진리로 ①미계迷界의 과보를 모두
고苦로 돌리는 고성제苦聖諦 ②고는 집착에서 온다는 집성제集聖諦 ③아집과
현상에 대한 집착의 소멸로 멸성제滅聖諦 ④깨달음에 이르는 길로 도성제道聖諦
가 있다.

229 등燈은 등잔, 촛불, 등불 외에 불도佛道를 뜻하기도 한다.

28-3

我已開正道　내 이미 바른 도 여나니
아 이 개 정 도

爲大現異明　특이한 밝음 크게 현시되거든
위 대 현 이 명

已聞當自行　이미 들어 배우고 마땅히 몸소 행할지니
이 문 당 자 행

行乃解邪縛　행하면 이후 그릇된 결박에서 벗어나리라.
행 내 해 사 박

28-4

生死非常苦　삶과 죽음이 영원하지 않아 괴로우나
생 사 비 상 고

能觀見爲慧　능히 관조하며 살피면 지혜롭게 될지니
능 관 견 위 혜

欲離一切苦　모든 괴로움 떠나고자 하거든
욕 리 일 체 고

行道一切除　바른 도 행하며 모든 것들 덜어버릴지어다.
행 도 일 체 제

28-5

生死非常空　삶과 죽음이 영원하지 않아 공허하나
생 사 비 상 공

能觀見爲慧　능히 관조하며 살피면 지혜롭게 될지니
능 관 견 위 혜

欲離一切苦　모든 괴로움 떠나고자 하거든
욕 리 일 체 고

但當勤行道　다만 바른 도만을 부지런히 행함이 마땅하도다.
단 당 근 행 도

28-6

起時當卽起
기 시 당 즉 기
일어날 때는 마땅히 즉시 일어나서

莫如愚覆淵
막 여 우 복 연
어리석게도 깊은 못에 엎어진 것처럼 하지 말지니

與墮與瞻聚
여 타 여 첨 취
함께 떨어져 더불어 무리들만 쳐다보며

計罷不進道
계 파 부 진 도
계책에 그치면 바른 도에 나아가지 못하니라.

28-7

念應念則正
염 응 념 즉 정
응당 생각할 것을 생각하면 바르고

念不應則邪
염 불 응 즉 사
응당 생각하지 아니할 것을 생각하면 그릇되리니

慧而不起邪
혜 이 불 기 사
지혜로움으로 그릇된 것 일으키지 아니하며

思正道乃成
사 정 도 내 성
바른 도 생각하면 곧 이루어지노라.

28-8

愼言守意念
신 언 수 의 념
말을 삼가며 마음의 생각 지키고

身不善不行
신 불 선 불 행
몸소 착하지 못한 행함은 하지 말지니

如是三行除
여 시 삼 행 제
만약 이 세 가지 행함을 다스리면

佛說是得道　부처님께서 이에 큰 도 얻으리라 하시도다.[230]
불설시득도

28-9

斷樹無伐本　나무를 베어도 뿌리를 자르지 아니하면
단수무벌본

根在猶復生　남아 있는 뿌리에서 오히려 다시 살아나거늘
근재유부생

除根乃無樹　뿌리를 없애면 이후 나무도 없으리니
제근내무수

比丘得泥洹　수행자 비구도 비로소 열반을 얻으리라.
비구득니원

28-10

不能斷樹　나무를 능히 베어내지 아니하면
불능단수

親戚相戀　친한 겨레붙이들 서로 애틋하게 생각할지니
친척상련

貪意自縛　탐하는 마음에 스스로 매이리라.
탐의자박

如犢慕乳　마치 송아지가 어미 젖 그리는 것과 같이.
여독모유

---

230 득도得道는 오묘한 이치 곧 큰 도를 깨닫는 것을 말하며 이는 불변의 이치를
진정 깨닫는 동시에 이를 완전히 수용하는 것을 뜻한다.

28-11

能斷意本 능단의본	능히 마음의 근본을 베어내면
生死無疆 생사무강	삶과 죽음의 경계도 없을지니
是爲近道 시위근도	이로써 바른 도에 가까워지면
疾得泥洹 질득니원	일찍이 열반을 얻으리라.

28-12

貪婬致老 탐음치노	음욕을 탐하면 늙음에 이르고
瞋恚致病 진에치병	미움과 분노는 병을 일으키며
愚癡致死 우치치사	못난 어리석음은 죽음에 이르리니
除三得道 제삼득도	이 세 가지 없애면 큰 도 얻을지어다.

28-13

釋前解後 석전해후	앞을 놓아버리고 뒤도 풀어버릴지면
脫中度彼 탈중도피	가운데를 벗어나 저곳으로 건너리니
一切念滅 일체염멸	모든 생각에서 벗어나거든

無復老死　다시는 늙음과 죽음이 없으리로다.
무부노사

28-14

人營妻子　사람들이 아내와 자식을 헤아리다
인 영 처 자

不觀病法　병이 드는 진리를 살피지 못하리나
불 관 병 법

死命卒至　목숨 다한 죽음은 갑자기 이르노라.
사 명 졸 지

如水湍驟　마치 소용돌이 몰아치며 흐르는 물과 같이.
여 수 단 취

28-15

父子不救　부모와 자식도 구하지 못하나니
부 자 불 구

餘親何望　남은 친족들에게 무엇을 바라리오.
여 친 하 망

命盡怙親　목숨 다하도록 친한 이 믿는 것은
명 진 호 친

如盲守燈　마치 눈 어둔 이 등불 지키는 것과 같도다.[231]
여 맹 수 등

---

231 이기석과 이종기본과 한명숙은 등燈으로 이동형은 정錠으로 표기했다.

28-16

慧解是意 혜 해 시 의	지혜로운 이는 이 뜻 깨닫고
可修經戒 가 수 경 계	가히 부처님 말씀과 계율을 닦거늘
勤行度也 근 행 도 야	부지런히 행하여 세상 건너노라면
一切除苦 일 체 제 고	모든 괴로움 덜어 버리리라.

28-17

遠離諸淵 원 리 제 연	온갖 깊은 못에서 멀리 떠나니
如風却雲 여 풍 각 운	마치 바람에 구름 걷힌 것과 같거늘
已滅思想 이 멸 사 상	이미 생각과 의식이 다하면
是爲知見 시 위 지 견	이를 지혜로운 견해라 하노라.[232]

232 지견知見은 지견智見 또는 정지견正智見과 같으며 나아가 식견識見과도 같다. 즉 사실과 이치를 꿰뚫어 보는 안목으로 특히 의식意識에 의해 아는 것이 지智(知) 이고 안식眼識에 의해 아는 것이 견見이다. 결국 안식은 사물의 진가를 알아보는 힘 또는 그러한 안목과 식견을 뜻한다.

28-18

智爲世長　지혜로움이 세상에서 가장 훌륭하니
지 위 세 장

惔樂無爲　행함이 없음을 담담하게 즐기며[233]
담 락 무 위

知受正教　바른 가르침 받아 깨닫노라면
지 수 정 교

生死得盡　삶과 죽음이 다함을 얻을지어다.
생 사 득 진

28-19

知衆行空　많은 행함이 텅 빈 것임을 알고
지 중 행 공

是爲慧見　바로 지혜로운 식견으로 행하노라면
시 위 혜 견

罷厭世苦　세상의 괴로움 그치고 편안하리니
파 염 세 고

從是道除　이 바른 도 따라 덜어버릴지어다.
종 시 도 제

---

233 이기석과 이종기본과 한명숙은 담惔으로 이동형은 담憺으로 표기했다. 실제 담惔은 '속이 타고 근심하는' 뜻이어서 문맥 상 담담하고(물이나 빛이 맑다, 맛이 담백하거나 싱겁다. 마음이 평온하다) 욕심 없이 맑은 뜻을 내포한 담淡이 알맞기 때문에 이를 잘못 표기했다고 볼 수 있다.

28-20

知衆行苦
지 중 행 고
많은 행함이 괴로움임을 알고

是爲慧見
시 위 혜 견
바로 지혜로운 식견으로 행하노라면

罷厭世苦
파 염 세 고
세상의 괴로움 그치고 편안하리니

從是道除
종 시 도 제
이 바른 도 따라 덜어버릴지어다.

28-21

衆行非身
중 행 비 신
모든 행함이 자신이 아님을 알고

是爲慧見
시 위 혜 견
바로 지혜로운 식견으로 행하노라면

罷厭世苦
파 염 세 고
세상의 괴로움 그치고 편안하리니

從是道除
종 시 도 제
이 바른 도 따라 덜어버릴지어다.

28-22

吾語汝法
오 어 여 법
내 너희에게 바른 법을 말하나니

愛箭爲射
애 전 위 사
애욕을 화살로 쏘아 맞추기 위해

宜以自勖
의 이 자 욱
마땅히 스스로 힘써 행하고

受如來言　　여래의 말씀 받을지어다.[234]
수 여 래 언

28-23

吾爲都以滅　내 모든 것 없앰으로 하여
오 위 도 이 멸

往來生死盡　가고 오는 삶과 죽음도 다하리나[235]
왕 래 생 사 진

非一情以解　하나의 마음만으로 깨달은 것 아니나니[236]
비 일 정 이 해

所演爲道眼　바른 도 행하며 얻은 혜안으로 널리 펴는 바이로다.[237]
소 연 위 도 안

---

234 여래如來는 '그와 같이 왔다'는 의미를 가진 석가모니 부처의 열 가지 이름
　　중 하나이다. 또한 우주 만유의 실체로서 인간의 사상과 개념으로는 미칠
　　수 없는 상주 불변의 절대적 진리인 진여眞如에 대한 다른 이름이기도 하다.

235 생로병사生老病死는 이른바 태어나고 늙고 병들고 죽는 일생을 가리키며 모든
　　것이 변한다는 자연의 이치를 말하고 있다. 아울러 삶과 죽음을 뜻하는 생사生死
　　는 불교에서 모든 생물이 과거 업의 결과로 개체를 이루었다가 다시 해체되는
　　일을 말한다. 나아가 생사윤회生死輪廻는 죽음과 삶의 끝없는 업보에 따라
　　생사를 되풀이 하는 것으로 깨달은 이에게 현상과 본질의 세계는 다르지 않아서
　　이는 곧 열반과도 같다.

236 정식情識은 감각적 인식으로 육식六識을 말한다. 즉 육근六根인 여섯 가지 감각
　　기관이 육식의 경계境界가 되는 육경六境(색色, 성聲, 향香, 미味, 촉觸, 법法)을
　　받아들여 그것으로 인해 감각, 지각, 번뇌 등을 일으키는 여섯 가지 마음 작용을
　　말한다.

237 도안道眼은 깨달음의 눈이니 곧 도를 닦아 체득한 안목으로 법안法眼과 같다.

28-24

馳流澍于海　　급히 흐르는 강물 바다로 물결쳐 들고
사 류 주 우 해

潘水漾疾滿　　희뿌연 물결들 빠르게 출렁이며 가득 차거늘
반 수 양 질 만

故爲智者說　　그러한 이유로 지혜로운 이들 위해 말하노니
고 위 지 자 설

可趣服甘露　　단 이슬 같은 가르침들 익혀 나아감이 옳으니라.
가 취 복 감 로

28-25

前未聞法輪　　일찍이 듣고 배우지 못한 부처님 가르침이[238]
전 미 문 법 륜

轉爲哀衆生　　중생들 불쌍히 여기시어 굴리어지시나니[239]
전 위 애 중 생

於是奉事者　　이에 받들어 섬기는 이들도
어 시 봉 사 자

禮之度三有　　이를 예배하며 삼계를 건널지어다.[240]
예 지 도 삼 유

---

238 법륜法輪은 부처님 가르침을 법륜성왕轉輪聖王의 수레바퀴에 비유한 것으로
　　전륜성왕은 정법正法을 가지고 온 세상을 다스릴 것이라는 인도 신화의 이상적
　　왕이다.

239 전轉은 법문法門을 굴리는 일로 전법륜轉法輪이라 한다. 다시 말해 부처님 교법이
　　법륜이며 교법을 설하는 것이 전법륜으로 부처님 설법을 마치 전륜성왕이
　　보배로운 수레바퀴 굴리는 것 같다고 보았다.

240 이미 말한 바와 같이 삼유三有의 유는 존재라는 뜻으로 욕유欲有, 색유色有,
　　무색유無色有로 삼계三界와 같아서 욕계, 색계, 무색계라고도 한다.

28-26

三念可念善　세 가지를 생각함은 착함을 생각할 수 있으나[241]
삼 념 가 념 선

三亦難不善　세 가지는 또한 착하지 못해 겪는 어려움이나니[242]
삼 역 난 불 선

從念而有行　생각함에 따라 그 행함이 있을지면
종 념 이 유 행

滅之爲正斷　이를 없애는 것이 바른 끊음이 되노라.
멸 지 위 정 단

28-27

三定爲轉念　세 가지 정함은 생각을 돌리기 위함이니[243]
삼 정 위 전 념

棄猗行無量　버리고 의지할 행함이 한량없을지라도
기 의 행 무 량

---

241 내용으로 보아 삼선근三善根(무탐, 무진, 무치)보다 육도六道의 상위 세계인 삼선도三善道(천상세계, 인간세계, 아수라세계)를 짐작할 수 있다. 아울러 삼선취三善趣라고도 하는 삼선도는 삼악도三惡道에 비해 나은 세계임이 비교된다.

242 삼난三難은 곧 삼악도三惡道의 고난을 말한다. 삼악도는 또한 삼취三趣, 삼고취三苦趣라고 하여 탐食, 진瞋, 치痴를 가리키며 또한 지옥세계, 아귀세계, 축생세계를 가리키기도 한다.

243 염정念定에서 염은 정념正念을 말하며 이는 참된 지혜로 정도를 생각하여 그릇된 생각이 없는 것을 뜻한다. 그리고 정은 정정正定을 말하며 이는 참된 지혜로 산란한 생각을 지우고 몸과 마음을 고요히 하여 진리를 증득하는 것을 말한다. 또한 삼정三定은 삼정취三定聚 또는 삼취三聚라고도 하며 정정취正定聚, 사정취邪定聚, 부정취不定聚 등으로 나뉘어 성불할 사람과 그렇지 못할 사람 등으로 나뉜다.

得三三窟除 삼악도에 갇힘을 없애면 삼선도를 얻으리니[244]
득 삼 삼 굴 제

解結可應念 매인 것 벗어나 가히 응당한 생각 할지어다.
해 결 가 응 념

28-28

知以戒禁惡 계율로 악함을 금하는 것 알고
지 이 계 금 악

思惟慧樂念 지혜로움으로 헤아리며 즐겨 생각하노라면
사 유 혜 락 념

已知世成敗 이미 세상에서 이룰 것과 이루지 못할 것을 깨닫나니
이 지 세 성 패

息意一切解 마음속 생각을 그치고 모든 것에서 벗어날지어다.
식 의 일 체 해

---

244 불佛, 법法, 승僧 삼보를 믿고 탐욕, 성냄, 어리석음을 버려야 가능한 삼선도三善道
는 육도六道의 상위 세계로 지향하는 바이나 반대로 삼악도三惡道는 육도의
하위 세계로 죄로 인해 지옥세계, 아귀세계, 축생세계로 떨어지게 된다.

광연품廣衍品

廣衍品者 광연품자	광연품의 장에서는
言凡善惡 언범선악	무릇 착함과 악함에 대해 말하니
積小致大 적소치대	작은 것이 쌓여 크게 되는
證應章句 증응장구	그 증험들이 구절과 문장들에 응용되어 있다.[245]

---

245 광연품은 4언4행의 서두 외에 총 14편으로 구성되었다. 그중 제1편부터 제9편까지 모두 9편이 4언4행이고 나머지 제10편부터 제14편까지 5편은 5언4행으로 구성되었다.

29-1

施安雖小
시 안 수 소
베풀고 안락함이 비록 적어도

其報彌大
기 보 미 대
그 보응은 크게 더해지리니

慧從小施
혜 종 소 시
지혜로움으로 작은 것부터 베풀더라도

受見景福
수 견 경 복
크나큰 복덕을 받게 되리라.

29-2

施勞於人
시 노 어 인
남에게 수고로움 베풀고

而欲望祐
이 욕 망 우
도움을 바라고자 하면

殃咎歸身
앙 구 귀 신
허물과 재앙이 자신에게 돌아올지니

自遘廣怨
자 구 광 원
크게 원망하는 마음을 스스로 접하리라.

29-3

已爲多事
이 위 다 사
이미 많은 일을 행하고

非事亦造
비 사 역 조
그릇된 일을 또한 만드니

伎樂放逸
기 락 방 일
춤과 노래로 방탕하게 즐기노라면[246]

惡習日增
악 습 일 증
나쁜 습관이 날로 더해진다.

29-4

精進惟行
정 진 유 행
오로지 힘써 닦아 나아가며 행하니

習是捨非
습 시 사 비
옳은 것은 익히고 그른 것은 버리며

修身自覺
수 신 자 각
몸 바르게 닦아 스스로 깨달으면

是爲正習
시 위 정 습
이를 바른 습관이라 한다.

29-5

旣自解慧
기 자 해 혜
이미 스스로 지혜로움 깨닫고

又多學問
우 다 학 문
또 배우고 닦은 것이 많을지면

漸進普廣
점 진 보 광
점점 널리 크게 나아갈지어다.

油酥投水
유 소 투 수
물에 던져진 타락죽 구름처럼 피어오르듯이.

---

246 기락伎樂은 일본의 가면 무악舞樂의 하나로 백제의 미마지味摩之가 오吳나라에서
배워 일본에 전했다고 하며 이는 주로 야외에서 공연되는 익살스러운 곡이라고
한다.

29-6

自無慧意 자 무 혜 의	스스로 지혜로운 생각이 없고
不好學問 불 호 학 문	배우고 닦기를 좋아하지 아니할지면
凝縮狹小 응 축 협 소	엉기어 굳고 아주 좁아지니라.
酪酥投水 낙 소 투 수	정연된 유즙이 물에 던져진 것처럼.

29-7

近道名顯 근 도 명 현	도를 가까이하면 이름이 드러나리니
如高山雪 여 고 산 설	마치 높은 산에 쌓인 눈과 같으나
遠道闇昧 원 도 암 매	도를 멀리하면 어둡고 어리석을지니
如夜發箭 여 야 발 전	마치 밤에 쏘는 화살과 같도다.

29-8

爲佛弟子 위 불 제 자	부처님 제자 된 이는
常寤自覺 상 오 자 각	항상 깨어 있음을 스스로 깨달을지니
晝夜念佛 주 야 염 불	밤낮으로 부처님 말씀 외우고

惟法思衆　바른 법 생각하며 중생들 헤아릴지어다.
유법사중

29-9

爲佛弟子　부처님 제자 된 이는
위 불 제 자

常寤自覺　항상 깨어 있음을 스스로 깨달을지니
상 오 자 각

日暮思禪　해 저물 때까지 선정 생각하며
일 모 사 선

樂觀一心　오로지 한 마음으로 즐겨 살필지어다.[247]
낙 관 일 심

29-10

人當有念意　사람은 마땅히 마음에 품은 생각 있나니
인 당 유 념 의

每食知自少　먹을 때마다 스스로 줄여야 함을 알거늘
매 식 지 자 소

---

247 관심觀心은 자기 마음의 본 성품을 똑바로 관조觀照(지혜롭게 사리事理 비추어 밝게 아는 것)하는 것으로 그 마음이 무명無明에 덮힌 염심染心과 청정한 진여불성 등 두 가지가 있음을 알아 체득하는 것을 말한다. 한편 행위의 주체인 마음을 관찰하는 것이 관심이라면 관법觀法은 객관적 대상인 사물을 관찰하는 것이어서 다르게 보이나 결국 주관과 객관이 서로 융통하고 걸림 없이 어울리므로 관법은 관심과 다르지 않다고 본다. 따라서 마음을 살피는 것은 온갖 법을 관찰하는 것이 되며 사事와 이理의 관찰을 총칭한 말이기도 하다.

則是痛欲薄
즉시통욕박
이는 곧 심한 욕심이 적어지거니와

節消而保壽
절소이보수
소비는 절제되고 수명은 보전되니라.

29-11

學難捨罪難
학난사죄난
배우기 어려우면 죄를 버리기 어려우며

居在家亦難
거재가역난
집에 있으며 사는 것 또한 어렵거니와

會止同利難
회지동리난
마음 편히 모여 함께 이롭기도 어려우나

艱難無過有
간난무과유
허물 없이 존재함이 심히 어렵도다.

29-12

比丘乞求難
비구걸구난
수행자 비구가 구걸하기 어려우면

何可不自勉
하가부자면
어찌 스스로 힘쓰지 않을 수 있으리오.

精進得自然
정진득자연
힘써 닦아 나아가면 자연히 얻으리니

後無欲於人
후무욕어인
이후 남에게 욕심내지 말지니라.

29-13

有信則戒成　믿음이 있으면 계율을 이루고
유 신 즉 계 성

從戒多致寶　계율을 따르면 보배들이 많이 이르리니[248]
종 계 다 치 보

亦從得諧偶　또한 이에 따라 화목한 무리들 얻을지면
역 종 득 해 우

在所見供養　있는 곳마다 공양 받노라.
재 소 견 공 양

29-14

一坐一處臥　한 곳에만 앉고 한 곳에만 누우며
일 좌 일 처 와

一行無放恣　하나의 행함도 마음대로 하지 아니하나니[249]
일 행 무 방 자

248 실제 금은 보배 외에 불, 법, 승 삼보를 이른다.

249 일행—行은 오로지 하나의 수행에 전념하는 것으로 특히 왕생정토往生淨土를
위한 염불 수행을 말한다. 이에 비해 정행正行은 부처님 가르침에 의한 바른
행위를 가리킨다. 또한 오행五行 중 입으로 부처님 이름을 부르며 염불하는
칭명염불을 정행正行이라고도 한다.

또한 일구자—句子의 일은 일반적으로 한마디 말을 뜻하나 선문禪門에서 주관과
객관 그리고 언어를 초월한 절대경 즉 최고의 진리를 말한다. 아울러 일문—門은
생사를 벗어나는 도道를 뜻하고 일물—物은 마음 또는 본래 면목을 가리키며
일미—昧는 불이不二나 진여眞如를 가리킨다. 따라서 위의 일좌—座와 일처—處
등도 단순한 일반적인 한 자리 또는 한 곳이라기보다 상위 개념으로 이해될
수 있다.

守一以正身　바른 몸으로 한결같이 지키노라면
수일이정신

心樂居樹間　마음이 나무 사이에 있는 것 같이 즐겁도다.[250]
심락거수간

---

250 정신正身에서 나아가 정심正心(부처님 마음)을 지향한다면 부처님께서 보리수菩提
樹 나무 밑에서 정각正覺을 이룬 상황에 비추어 이와 같은 경지를 지향함을
짐작할 수 있다. 결국 삼수三修 중 적정열반寂靜涅槃의 낙樂(즐거움)임을 유추할
수 있다.

또한 부처님 마음인 정심正心에 비해 일심一心은 간절한 마음으로 우주심이라
하여 세 가지로 나뉜다. 첫째로 우주심은 우주의 근본 자리로 만유의 실체인
진여, 불성, 본각, 원각과 같으며 둘째는 유일의 根本識 곧 온갖 것을 변현變現시키
는 마음으로서 아뢰야식(성향 등이 조건을 갖출 때까지 저장된 것임)을 말하며
셋째는 오로지 하나의 대상에 마음을 집중하여 일심으로 부처님을 생각하며
염불하는 일심정념一心正念을 가리킨다.

30

지옥품地獄品

地獄品者 지 옥 품 자	지옥품의 장에서는
道泥梨事 도 니 리 사	지옥의 일을 말하나니[251]
作惡受惡 작 악 수 악	악함을 지으면 악한 과보 받으며
罪牽不置 죄 견 불 치	그 죄에 이끌리어 편히 있지 못한다고 한다.[252]

---

251 이기석에 의하면 니리泥梨는 지옥을 가리킨다고 한다.

252 지옥품은 4언4행의 서두 외에 총 16편으로 구성되었다. 그중 제1편부터 제10편까지 10편이 5언4행이고 제11편과 제12편 등 2편은 4언6행이며 나머지 제13편부터 제16편까지 4편은 4언4행으로 구성되었다.

30-1

妄語地獄近 망 어 지 옥 근	사리에 어긋난 말 하면 지옥에 가까워지니
作之言不作 작 지 언 부 작	이를 행하고도 행하지 아니한다 말하면
二罪後俱受 이 죄 후 구 수	그 두 가지 죄를 이후 모두 받을지나
是行自牽往 시 행 자 견 왕	이는 스스로 이끌고 간 행위이니라.

30-2

法衣在其身 법 의 재 기 신	가사가 그 몸에 걸치어 있어도[253]
爲惡不自禁 위 악 부 자 금	스스로 막지 못하고 악함을 행하며
苟沒惡行者 구 물 악 행 자	진실로 악한 행함에 빠진 이는
終則墮地獄 종 즉 타 지 옥	마침내 곧 지옥에 떨어지리라.

253 법의法衣는 승려가 입는 가사袈裟로 몇 개의 천을 이어 만든 법의는 장삼長衫 위로 왼쪽 어깨에서 오른쪽 겨드랑 밑으로 걸치는 네모로 된 긴 천으로 되었다. 이는 무구의無垢衣, 이진복離塵服, 공덕의功德衣, 방포方袍 등의 이름으로도 불린다.

30-3

無戒受供養　계율 없이 공양 받으면[254]
무계수공양

理豈不自損　도리에 어찌 스스로 손상되지 않으리오.
이기부자손

死噉燒鐵丸　죽어서는 불 붙은 탄알 삼키게 되리니
사담소철환

然熱劇火炭　타오르는 열기가 불타는 숯보다 더하리라.
연열극화탄

30-4

放逸有四事　방탕하면 네 가지 큰 일이 있으니
방일유사사

好犯他人婦　다른 사람 부인 범하기가 몹시 심하고
호범타인부

臥險非福利　누워도 평온하지 않으니 복덕과 이로움이 없으며
와험비복리

毀三淫泆四　셋째는 헐뜯어 비방함이고 음란함에 빠짐은 그 넷째이다.
훼삼음일사

---

254 공양供養은 부처님께 음식 등을 바치는 것으로 범어 purajna는 본래 '존경하는
　　마음으로 간절히 대접한다'는 뜻에서 비롯되었다.

30-5

不福利墮惡　복되지도 이롭지도 아니하면 악도에 떨어지리니
불 복 이 타 악

畏惡畏樂寡　악한 과보 두렵고 즐거움 적은 것도 두려우나
외 악 외 락 과

王法重罰加　무거운 형벌 내린 나라 법에 더하여
왕 법 중 벌 가

身死入地獄　몸이 죽으면 지옥으로 들어가리라.
신 사 입 지 옥

30-6

譬如拔菅草　비유하여 마치 왕골 풀을 뽑듯이
비 여 발 관 초

執緩則傷手　느슨하게 잡으면 손을 베이나니
집 완 즉 상 수

學戒不禁制　계율을 배워 금하고 제지하지 아니하여
학 계 불 금 제

獄錄乃自賊　지옥에 기록되면 이후 스스로를 해치리라.
옥 록 내 자 적

30-7

人行爲慢惰　사람의 행함이 게으르고 교만하게 되면
인 행 위 만 타

不能除衆勞　온갖 근심 없앨 수 없을지니
불 능 제 중 노

梵行有玷缺　맑고 깨끗한 행함에 결점 있으면
범 행 유 점 결

| 終不受大福
종불수대복 | 마침내 큰 복덕을 얻지 못하노라. |

30-8

常行所當行 상행소당행	마땅히 행할 바를 항상 행하고
自持必令强 자지필영강	스스로 지키기를 반드시 굳세게 하게 되면
遠離諸外道 원리제외도	바른 도 이외의 모든 것들은 멀리 떠나리니[255]
莫習爲塵垢 막습위진구	먼지와 때가 되는 행함을 익히지 말지니라.[256]

30-9

爲所不當爲 위소부당위	당연히 하지 말아야 할 바를 행하면
然後致鬱毒 연후치울독	그러한 후 괴롭고 답답함에 이르나
行善常吉順 행선상길순	착함을 행하면 항상 순조롭고 좋으리니
所適無悔恡 소적무회린	가는 곳마다 후회와 한탄스러움이 없도다.

---

255 외도外道는 불교 이외의 모든 가르침과 이를 좇는 사람들을 가리킨다.
256 진구塵垢는 먼지와 때를 말하며 나아가 더러움, 세속, 번뇌 등을 뜻한다.

30-10

其於衆惡行　그 모든 악한 행함에 대해
기 어 중 악 행

欲作若已作　만약 이미 행한 것들이 욕심에서 하였다면
욕 작 약 이 작

是苦不可解　이 괴로움은 벗어날 수 없거니와
시 고 불 가 해

罪近難得避　그 죄는 거의 피할 수 있기 어렵도다.
죄 근 난 득 피

30-11

妄證求敗　사리 어긋난 증거로 패망하기 바라면
망 증 구 패

行已不正　행함이 이미 바르지 아니하나니
행 이 부 정

怨譖良人　어진 이를 원망하고 비방하며 헐뜯고
원 참 양 인

以枉治士　다스리는 벼슬아치 통해 굽히게 한 때문에
이 왕 치 사

罪縛斯人　죄를 얽어 묶은 이 사람은
죄 박 사 인

自投于坑　스스로를 구덩이에 던진 것이다.
자 투 우 갱

30-12

如備邊城　마치 변방의 성을 방비하는 것 같이
여 비 변 성

中外牢固　안과 밖을 튼튼하고 견고히 하며
중 외 뢰 고

自守其心
자 수 기 심
그 마음을 스스로 지키노라면

非法不生
비 법 불 생
바르지 아니한 법 일어나지 아니하리나

行缺致憂
행 결 치 우
흠 있는 행함은 근심을 불러오리니

令墮地獄
영 타 지 옥
지옥으로 떨어지게 되리라.

30-13

可羞不羞
가 수 불 수
부끄러워할 만한 것은 부끄러워하지 않고

非羞反羞
비 수 반 수
부끄럽지 아니한 것을 도리어 부끄러워하나니

生爲邪見
생 위 사 견
살아서 그릇된 견해를 행하면[257]

死墮地獄
사 타 지 옥
죽어서 지옥에 떨어지리라.

30-14

可畏不畏
가 외 불 외
두려워할 만한 것은 두려워하지 않고

非畏反畏
비 외 반 외
두렵지 아니한 것을 도리어 두려워하나니

---

257 사견邪見은 오견五見과 십악十惡의 하나로 인과因果의 도리를 무시한 옳지 못한
   견해이다.

信向邪見
신 향 사 견

믿음이 그릇된 견해를 향해 가면

死墮地獄
사 타 지 옥

죽어서 지옥에 떨어지리라.

30-15

可避不避
가 피 불 피

피할 만한 것은 피하지 않고

可就不就
가 취 불 취

나아갈 만한 것은 나아가지 아니하나니

翫習邪見
완 습 사 견

그릇된 견해를 즐겨 익히면

死墮地獄
사 타 지 옥

죽어서 지옥에 떨어지리라.

30-16

可近則近
가 근 즉 근

가까이할 만하면 가까이하고

可遠則遠
가 원 즉 원

멀리할 만하면 멀리하며

恒守正見
항 수 정 견

항상 바른 견해 지키노라면[258]

258 정견正見은 팔정도八正道의 첫째 덕목으로 집착과 분별심을 일으키지 않는 것을 말하며 인연법에 따른 제행무상과 제법무아를 깨달아 공空의 이치를 알게 된다.

死墮善道   죽어서 착한 길에 이를지어다.[259]
사 타 선 도

---

259 선善은 삼성三性의 하나로 결과로 보아 즐겁고 편안한 낙보樂報를 받을 만하거나
자기와 남을 이롭게 하는 것이다. 이는 사람이 지닌 세 가지 성품인 선善,
불선不善(악惡), 무기無記(이도 저도 아님) 중 하나로 선은 온갖 선을 낳게 하는
근본인 세 가지 선근善根(무탐無貪, 무진無瞋, 무치無癡)이 대표적이다. 그러나
이로부터 확대되어 ① 신심信心(믿음) ② 수치심羞恥心(부끄러워하는 마음) ③ 회
한悔恨(뉘우치는 마음) ④ 불욕不慾(욕심내지 않는 마음) ⑤ 부증오不憎惡(남을 증오
하지 않음) ⑥ 불매不寐(어리석음에 빠지지 않음) ⑦ 정진精進(힘써 닦음) ⑧ 정적靜
寂(고요함) ⑨ 불태만不怠慢(게으르지 않음) ⑩ 불해不害(남을 해치지 않음) ⑪ 방하
放下(모두 내려놓고 자유로워짐) 등 모두 11가지 미덕이 착한 과보를 부르는
바탕들이다.

상유품象喩品

象喩品者 상유품자	상유품의 장에서는
教人正身 교인정신	사람들에게 몸을 바르게 할 것을 가르치니
爲善得善 위선득선	착함을 행하고 착한 보응 얻으면
福報快焉 복보쾌언	그 복된 과보가 기쁘다 한다.[260]

---

[260] 상유품은 4언4행의 서두 외에 총 18편으로 구성되었다. 그중 4언4행은 제1편부터 제4편까지 4편과 제15편부터 제18편까지 4편을 더해 모두 8편이며 나머지 제5편부터 제14편까지 10편은 5언4행으로 구성되었다.

31-1

我如象鬪
아여상투

나는 마치 싸움터의 코끼리같이

不恐中箭
불공중전

화살 맞는 것이 두렵지 아니하나니

常以誠信
상이성신

항상 정성과 믿음으로

度無戒人
도무계인

계율 없는 사람들을 제도하리라.

31-2

譬象調正
비상조정

비유하여 바르게 길들여진 코끼리가[261]

可中王乘
가중왕승

왕이 타는 수레에 알맞을 수 있듯이

調爲尊人
조위존인

마음을 길들여 존귀한 이 되면

乃受誠信
내수성신

이후 정성과 믿음을 받노라.

31-3

雖爲常調
수위상조

비록 항상 길들이게 되어도

如彼新馳
여피신치

마치 그들은 새로이 달리는 것 같으리니

261 이기석과 이종기본과 한명숙과 현진은 正正으로 이동형은 伏伏으로 표기했다.

亦最善象
역 최 선 상
또한 가장 잘 길들인 코끼리라 해도

不如自調
불 여 자 조
스스로 길들임만 같지 못하니라.

31-4

彼不能適
피 불 능 적
저들은 갈 수 없나니

人所不至
인 소 부 지
사람들이 이르지 못한 곳이거늘

唯自調者
유 자 조 자
오직 스스로 길들인 대상만이

能到調方
능 도 조 방
방편을 조절하면 이를 수 있도다.[262]

31-5

如象名財守
여 상 명 재 수
마치 재수라고 불리는 코끼리같이

猛害難禁制
맹 해 난 금 제
사납게 해치면 금하여 제어하기 어렵나니

繫絆不與食
계 반 불 여 식
옭아 묶고 먹이를 주지 아니하면

262 방편方便은 범어 upaya의 번역으로 '교묘한 수단'이라는 뜻이며 한문으로 선교방
편善巧方便이 된다. 곧 중생을 교화하기 위한 '묘하고 편리한 방법'으로 이는
일시적 편의를 위한 것뿐 아니라 지혜가 깨우침의 어머니라면 방편은 깨우침의
아버지라고 하여 깨달음과 열반의 피안으로 건네주는 뗏목이 그 방편이 된다.
다만 이 지혜로운 방편은 강을 건너면 또한 버리게 된다.

而猶暴逸象　그래서 오히려 사납게 날뛰는 코끼리이다.[263]
이 유 폭 일 상

31-6

沒在惡行者　악한 행함에 빠져 있는 이는
몰 재 악 행 자

恒以貪自繫　항상 탐내기 때문에 스스로를 얽어매거늘
항 이 탐 자 계

其象不知厭　그 코끼리는 만족함을 알지 못할지니
기 상 부 지 염

故數入胞胎　그 이유로 어미 뱃속에 들기를 거듭하노라.
고 수 입 포 태

31-7

本意爲純行　본래 마음이 순수한 행함을 이루면
본 의 위 순 행

及常行所安　마침내 편안한 바를 항상 행하리니
급 상 행 소 안

悉捨降伏結　묶인 번뇌 굴복시키고 모두 버릴지어다.
실 사 항 복 결

如鉤制象調　마치 갈고리로 억눌러 길들인 코끼리같이.
여 구 제 상 조

---

263 이동형, pp,313-314. 당시 거사가 코끼리를 순하게 길들이는 방법으로 첫째
갈고리로 고삐를 만들어 입을 채우고 둘째는 음식을 줄여 배고프게 하고 셋째는
채찍으로 때린다고 했다. 이에 비추어 부처님은 스스로를 길들이는 방법으로
첫째 지극한 정성으로 구업口業을 제어하고 둘째는 자애로움과 바름으로 몸의
거셈을 누르고 셋째는 지혜로움으로 어리석음과 번뇌를 없앤다고 하셨다.

31-8

樂道不放逸　바른 도 좋아하고 방자하지 아니하면
낙도불방일

能常自護心　항상 스스로 마음을 지킬 수 있을지니
능상자호심

是爲拔身苦　이에 몸소 괴로움 뽑아버리게 되도다.
시위발신고

如象出于垎　마치 수렁에서 벗어난 코끼리같이.
여상출우감

31-9

若得賢能伴　만약 어질고 재능 있는 벗들을 얻고
약득현능반

俱行行善悍　함께 나아가며 착한 행함 굳세어지면
구행행선한

能伏諸所聞　능히 듣고 배운 바로 모든 것들 굴복시킬지니
능복제소문

至到不失意　이르기까지 뜻을 잃지 말지어다.
지도불실의

31-10

不得賢能伴　어질고 재능 있는 벗들을 얻지 못하고
부득현능반

俱行行惡悍　악한 행함으로 함께 나아가기 굳세면
구행행악한

廣斷王邑里　왕의 고을과 마을들에서 널리 끊을지니
광단왕읍리

寧獨不爲惡 　차라리 홀로 있을지언정 악행을 짓지 말지어다.
영 독 불 위 악

31-11

寧獨行爲善 　차라리 홀로 행할지언정 착한 이 되고
영 독 행 위 선

不與愚爲侶 　어리석은 이와 더불어 벗하지 말지니
불 여 우 위 려

獨而不爲惡 　혼자라도 악행을 짓지 아니하노라면
독 이 불 위 악

如象驚自護 　마치 코끼리가 두려워서 스스로 지키는 것과 같다.
여 상 경 자 호

31-12

生而有利安 　태어나 이로움 있으니 안락하고
생 이 유 리 안

伴耎和爲安 　벗이 유순하여 화합하니 안락하며
반 연 화 위 안

命盡爲福安 　목숨 다하도록 복덕 이루면 안락할지나
명 진 위 복 안

衆惡不犯安 　많은 악함 범하지 아니하니 안락하도다.[264]
중 악 불 범 안

264 아미타 부처님 계시는 극락정토極樂淨土는 안락安樂을 비롯해 안양安養, 안온安穩,
　묘락妙樂, 무위無爲, 서방정토西方淨土, 진여문眞如門, 연화장세계蓮華藏世界 등
　다양한 별칭이 있다.

31-13

人家有母樂　사람 사는 집에 어머니 계시니 즐겁고
인가유모락

有父斯亦樂　아버지 계시니 이 또한 즐거우며
유부사역낙

世有沙門樂　세상에 수행하는 사문 계시니 즐겁거니와
세유사문락

天下有道樂　하늘 아래 온 세상에 바른 도 있으니 즐겁도다.
천하유도락

31-14

持戒終老安　계율을 지키면 마침내 늙도록 편안하고
지계종노안

信正所正善　올바른 것들을 바르게 믿으면 착하나니
신정소정선

智慧最安身　지혜로움은 자신을 가장 편안하게 할지나[265]
지혜최안신

不犯惡最安　악함을 범하지 아니하면 최고로 편안하도다.
불범악최안

---

265 지혜智慧는 일반적으로 슬기 또는 분별하는 마음 작용을 뜻하나 불교에서 사물의
　　실상을 관조하여 의혹을 끊고 정각正覺(청정한 본래 마음의 바른 깨달음)을 얻는
　　힘을 뜻한다. 이는 제법의 이치에 통달한 위없는 마음 작용으로 육바라밀(저 언덕에
　　이르는 여섯 가지 공덕) 중 하나이다.

31-15

如馬調奿 여 마 조 연	만약 말을 유순하게 길들이면
隨意所如 수 의 소 여	뜻 한 바와 같이 따르나니
信戒精進 신 계 정 진	믿음과 계율로 힘써 닦아 나아가면
定法要具 정 법 요 구	선정의 법도를 올바르게 갖추리라.

31-16

明行成立 명 행 성 립	어둠 밝힌 행함을 이루고[266]
忍和意定 인 화 의 정	참고 화합하여 마음이 안정되면
是斷諸苦 시 단 제 고	이에 모든 괴로움 끊을지니
隨意所如 수 의 소 여	뜻한 바와 같이 따르리라.

---

266 명행족明行足은 지혜와 수행을 원만히 갖추었다는 뜻으로 부처님 십호十號
중 하나이기도 하다.

31-17

從是往定 종시 왕정	이에 따라 선정으로 나아가니
如馬調御 여 마 조 어	마치 말을 길들여 거느린 것과 같거늘
斷恚無漏 단 에 무 루	성냄을 그치고 번뇌를 없애면
是受天樂 시 수 천 락	바로 하늘이 내린 안락함을 받을지어다.

31-18

不自放恣 부 자 방 자	스스로 방종하지 아니하면
從是多寤 종 시 다 오	이에 따라 많은 것들 깨닫게 되리니
羸馬比良 이 마 비 량	파리한 말이 좋은 말 되듯이
棄惡爲賢 기 악 위 현	악함을 버리고 어진 이 될지어다.

32

애욕품愛欲品

愛欲品者 애욕품자	애욕품의 장에서는
賤婬恩愛 천음은애	비천한 음욕과 은정에 애착하는 마음 있으매[267]
世人爲此 세인위차	세상 사람들이 이를 행하며
盛生災害 성생재해	재앙과 해악을 많이 일으킨다 한다.[268]

267 은애恩愛는 애착에서 비롯된 은애와 집착을 가리키며 은혜와 도타운 애정을 지닌 부모 자식 또는 부부의 은정에 집착하여 떨어지기 어려운 일임을 가리킨다. 때문에 애정을 탐하는 번뇌나 속박은 벗어나기 어려운 애착과 탐욕인 점에서 애결愛結과도 연계된다.

268 애욕품은 4언4행의 서두 외에 총 33편으로 구성되었다. 그중 4언4행은 제32편과 제33편 등 마지막 2편이고 제7편은 4언6행이며 그 외 나머지 30편은 모두 5언4행으로 구성되었다.

32-1

心放在淫行　마음을 방탕한 행함에 함부로 놓아두면
심 방 재 음 행

欲愛增枝條　탐하는 애욕이 더욱더 가지 쳐 벋어가거늘
욕 애 증 지 조

分布生熾盛　흩어져 퍼져 나감이 불길처럼 성하리니
분 포 생 치 성

超躍貪果猴　과실 탐내어 정신없이 날뛰는 원숭이 같노라.
초 약 탐 과 후

32-2

以爲愛忍苦　애욕 참기를 괴롭다 여기고
이 위 애 인 고

貪欲著世間　탐욕스레 세상일에 집착하면
탐 욕 착 세 간

憂患日夜長　근심과 괴로움이 밤낮으로 자라나리니
우 환 일 야 장

延如蔓草生　마치 덩굴진 풀 벋어가듯이 무성하리라.
연 여 만 초 생

32-3

人爲恩愛惑　사람들이 은정과 친밀한 사랑에 미혹되어
인 위 은 애 혹

不能捨情欲　인정과 애욕을 버릴 수 없으면
불 능 사 정 욕

如是憂愛多　근심과 애착도 이와 같이 넘치리니
여 시 우 애 다

潺潺盈于池　졸졸 흐르는 물이 못을 가득 채우는 것과 같도다.
잔잔영우지

32-4

夫所以憂悲　대개 근심하고 슬퍼하는 이유가
부소이우비

世間苦非一　세상의 괴로움이 유일한 것만은 아니어도
세간고비일

但爲緣愛有　다만 애욕이 있어 연유된 것이나니
단위연애유

離愛則無憂　애착을 벗어나면 근심이 없도다.
이애즉무우

32-5

已意安棄憂　이미 근심을 버리고 마음이 편안하니
이의안기우

無愛何有世　애정이 없이 어찌 세상에 있으리오마는
무애하유세

不憂不染求　근심하지 아니하고 물들지 말기를 바라거든
불우불염구

不愛焉得安　애착하는 마음을 없애어 편안함을 얻을지어다.[269]
불애언득안

---

269 애결愛結은 이른 바 애결(사랑), 에결(성냄), 만결(자만), 무명결(무지), 견결(그릇된
　　견해), 취결(집착), 의결(의심), 질결(질투), 간결(인색함) 등 아홉 가지 결박(구결九
　　結) 중 하나로 사랑을 탐하는 번뇌나 속박을 말한다. 곧 애착과 탐욕은 벗어나기
　　어려우나 이를 벗어나면 편안해짐을 뜻한다.
　　한편 언焉은 흔히 대명사, 의문대명사, 어기사 등으로 쓰이나 어시於是나 어지於
　　之로도 쓰인다.

32-6

有憂以死時　근심 있는 이는 죽음이 다가올 때
유우이사시

爲致親屬多　불러올 친족과 겨레붙이 많아지나니
위치친속다

涉憂之長塗　이를 근심하며 긴 길 지나노라면
섭우지장도

愛苦常墮危　애정의 괴로움으로 항상 위험함에 빠지노라.
애고상타위

32-7

爲道行者　바른 도 행하게 되는 이는
위도행자

不與欲會　애욕을 품고 함께 하지 않을지니
불여욕회

先誅愛本　먼저 애정의 근본을 베어내고
선주애본

無所植根　근원 심는 바를 없애려거든
무소식근

勿如刈葦　마치 갈대를 베는 것과 같이
물여예위

令心復生　그 마음 다시 일어나게 하지 말지니라.
영심부생

32-8

如樹根深固　만약 나무뿌리가 깊고 견고하면
여수근심고

雖截猶復生　비록 잘릴지라도 오히려 다시 살아나거늘
수절유부생

愛意不盡除　애욕의 마음도 모두 없애지 아니하면
애 의 부 진 제

輒當還受苦　문득 도리어 고통 받는 일 당하리라.
첩 당 환 수 고

32-9

猨猴得離樹　원숭이가 나무를 떠날 수 있으나
원 후 득 이 수

得脫復趣樹　벗어나더라도 다시 나무를 향해 질주하듯이
득 탈 부 취 수

衆人亦如是　많은 사람들 또한 이와 같아서
중 인 역 여 시

出獄復入獄　감옥을 탈출하더라도 다시 옥으로 들어가노라.[270]
출 옥 부 입 옥

32-10

貪意爲常流　탐내는 마음이 항상 흐르고 있어서
탐 의 위 상 류

習與憍慢幷　교만함과 게으름을 아울러 함께 익히면
습 여 교 만 병

思想猗婬欲　뜻한 생각은 음란한 욕망에 휘청거릴지니
사 상 의 음 욕

---

270 이동형, pp.319-321. 옛날 어떤 이가 비구가 되기 위해 3년을 산에 머물며 도를 닦았으나 이루지 못하고 하산하려고 했다. 그때 마침 산 속에서 벗어나 홀로 살던 원숭이가 숲과 무리가 그리워 다시 돌아가는 것을 보고 어리석다고 했다. 그런데 마침 부처님께서는 이 도 닦던 비구 역시 다시 세상의 질곡에 매이려 함을 어리석다 하시며 깨우치셨다.

自覆無所見　깨닫는 바도 없이 스스로 엎어지리라.
자복무소견

32-11

一切意流衍　모든 마음이 널리 흐르면
일체의유연

愛結如葛藤　애욕을 탐하는 번뇌가 칡과 등덩굴 같이 엉기니
애결여갈등

唯慧分別見　오직 분별하여 깨닫는 지혜로움만이[271]
유혜분별견

能斷意根原　마음의 밑바탕을 끊을 수 있도다.
능단의근원

32-12

夫從愛潤澤　대개 빛처럼 윤이 나는 애정을 따르면
부종애윤택

思想爲滋蔓　뜻한 생각 덩굴처럼 번성하게 될지니
사상위자만

愛欲深無底　사랑함과 탐욕스러움이 끝없이 깊어지노라면
애욕심무저

老死是用增　늙음과 죽음도 이로써 더해지리라.
노사시용증

271 생멸하고 변화하는 물심物心의 모든 현상을 분별하는 지혜를 분별지分別智라고
한다.

32-13

所生枝不絶　소생하는 가지가 끊이지 아니하니
소 생 지 부 절

但用食貪欲　다만 쓰일 양식 탐하는 욕심뿐이거늘
단 용 식 탐 욕

養怨益丘塚　길러진 원망이 무덤보다 더할진대
양 원 익 구 총

愚人常汲汲　어리석은 이는 항상 분주하도다.
우 인 상 급 급

32-14

雖獄有鉤鍱　비록 감옥에 쇠고랑과 자물쇠 있다 해도
수 옥 유 구 섭

慧人不謂牢　지혜로운 이는 단단하다고 이르지 아니하나
혜 인 불 위 뢰

愚見妻子息　어리석은 이는 처와 자식을 보며
우 견 처 자 식

染著愛甚牢　애정에 물들어 집착함이 매우 굳건하도다.
염 착 애 심 뢰

32-15

慧說愛爲獄　지혜로운 이가 애욕이 감옥이라 말함은
혜 설 애 위 옥

深固難得出　깊고 견고해서 벗어날 수 있기 어렵다 함이니
심 고 난 득 출

是故當斷棄　이러한 이유로 끊어 버려야 마땅할지나
시 고 당 단 기

不視欲能安
불시욕능안
애욕을 주시하지 아니하면 능히 편안하도다.

32-16

見色心迷惑
견색심미혹
형체를 보고 마음이 흐려지며 헷갈리니

不惟觀無常
불유관무상
오직 불변하는 실체가 아님을 살피지 못하고

愚以爲美善
우이위미선
어리석어서 아름답고 좋다고 하거늘

安知其非眞
안지기비진
어찌 그 참되지 않음을 알겠는가.

32-17

以婬樂自裹
이음락자리
음욕을 즐기며 스스로를 감싸니

譬如蠶作繭
비여잠작견
비유하여 누에가 고치를 짓는 것과 같거늘

智者能斷棄
지자능단기
지혜로운 이는 능히 끊어 버리고

不眄除衆苦
불혜제중고
돌아보지 아니하니 모든 괴로움 없어지니라.

32-18

心念放逸者
심념방일자
제멋대로 할 것을 마음에 생각하는 이는

見婬以爲淨
견음이위정
음행을 보아도 깨끗하다 하거니와

恩愛意盛增　은정에 애착하는 마음이 더욱 왕성하리니
은애의성증

從是造獄牢　이에 따라 감옥도 견고하게 짓노라.
종시조옥뢰

32-19

覺意滅婬者　마음으로 깨달아 음욕을 없앤 이는
각의멸음자

常念欲不淨　항상 음욕이 깨끗하지 아니하다 여기나니
상념욕부정

從是出邪獄　이에 따라 그릇된 감옥에서 빗어나오면
종시출사옥

能斷老死患　늙음과 죽음의 근심도 끊을 수 있도다.
능단노사환

32-20

以欲網自蔽　음욕의 그물로 스스로를 가리고
이욕망자폐

以愛蓋自覆　애욕의 덮개로 스스로를 덮으니
이애개자부

自恣縛於獄　방자하여 스스로 감옥에 결박되노라.
자자박어옥

如魚入筍口　마치 물고기가 통발 구멍에 들어간 것과 같이.
여어입구구

306

32-21

爲老死所伺　늙음과 죽음을 살피게 되는 것은
위 노 사 소 사

若犢求母乳　마치 송아지가 어미 젖 구함과 같으니
약 독 구 모 유

離欲滅愛迹　애욕을 멀리하고 애정의 흔적을 없애노라면
이 욕 멸 애 적

出網無所弊　그물에서 벗어나 괴로울 것이 없도다.
출 망 무 소 폐

32-22

盡道除獄縛　바른 도에 마음 다하여 옥의 결박 없애면
진 도 제 옥 박

一切此彼解　일체의 이 일 저 일에서 벗어나거늘
일 체 차 피 해

已得度邊行　이미 치우친 행함을 건너 깨닫게 되리니[272]
이 득 도 변 행

是爲大智士　이를 크게 지혜로운 사람이라 한다.
시 위 대 지 사

---

272 邊行은 변견邊見을 통해 유추한 바이다. 변견은 내 몸이 있다는 아견我見에서
　　죽은 이후에도 무엇이 있다는 상견常見과 아무 것도 없다는 단견斷見 등과
　　같이 양극에 치우친 견해를 말한다.

32-23

勿親遠法人　바른 법 멀리하는 이들 가까이하지 말고
물 친 원 법 인

亦勿爲愛染　또한 애정에 물들게 되지 말지니
역 물 위 애 염

不斷三世者　삼세를 끊지 못하는 이들은[273]
부 단 삼 세 자

會復墮邊行　다시 모여도 치우친 행함에 떨어지리라.
회 부 타 변 행

32-24

若覺一切法　만약 일체의 바른 법을 깨닫고
약 각 일 체 법

能不著諸法　능히 모든 법에 집착하지 아니하면
능 불 착 제 법

一切愛意解　모든 애욕의 마음에서 벗어나리니
일 체 애 의 해

是爲通聖意　이에 성스러운 뜻에 통하게 될지어다.
시 위 통 성 의

---

273 삼세는 과거와 현재와 미래를 가리키며 삼제三際라고도 한다. 불교에서 사물의
　　형상뿐 아니라 시간의 실제 역시 인정하지 않아서 이는 우리의 생각과 개념일
　　뿐 시공時空에 걸림 없는 것이 진정한 깨우침이라고 한다.

32-25

衆施經施勝
중 시 경 시 승　　모든 베풂음 중에 경전의 보시가 가장 훌륭하고

衆味道味勝
중 미 도 미 승　　모든 맛 중에 바른 도의 맛이 가장 좋으며

衆樂法樂勝
중 락 법 락 승　　모든 즐거움 중에 바른 법의 즐거움이 으뜸이나니

愛盡勝衆苦
애 진 승 중 고　　애욕이 다하면 모든 괴로움을 이길지어다.

32-26

愚以貪自縛
우 이 탐 자 박　　어리석은 이는 탐욕으로 스스로를 묶고

不求度彼岸
불 구 도 피 안　　저 언덕 너머로 건너기를 바라지 아니하나니

貪爲愛欲故
탐 위 애 욕 고　　탐함은 애정과 탐욕을 행하고자 한 때문에[274]

害人亦自害
해 인 역 자 해　　남을 해치고 또한 스스로도 해친다.

32-27

愛欲意爲田
애 욕 의 위 전　　애욕에 찬 마음이 밭이라면

婬怨癡爲種
음 원 치 위 종　　음욕과 원망과 어리석음은 씨가 되나니

---

274 이기석과 이종기본은 애욕고愛慾故로 한명숙과 현진은 패처고敗處故로 이동형은
　　재애욕財愛慾으로 다양하게 표기했다.

故施度世者　그 이유로 세상을 제도한 이에게 보시하노라면
고시도세자

得福無有量　얻는 복덕이 한량없을지어다.
득복무유량

32-28

伴少而貨多　동반자가 적고 재물이 많으면
반소이화다

商人怵惕懼　상인은 두려움에 근심하고 조심하나
상인출척구

嗜欲賊害命　욕심내기 좋아하는 도적은 목숨을 해치나니
기욕적해명

故慧不貪欲　그 이유로 지혜로운 이는 탐내어 욕심내지 말지니라.
고혜불탐욕

32-29

心可則爲欲　마음이 허락하면 욕심이 되나니
심가즉위욕

何必獨五欲　어찌 반드시 오욕뿐이리오[275]
하필독오욕

違可絶五欲　옳지 아니해서 오욕을 끊으면
위가절오욕

是乃爲勇士　이는 곧 용기 있는 이가 되노라.
시내위용사

---

275 오욕五欲은 다섯 가지 감각 기관(안, 이, 비, 설, 신)과 그 대상과의 접촉에서
　　일어난 욕망 또는 세속적 욕망(재욕, 색욕, 명예욕, 수면욕, 식욕)을 말한다.

32-30

無欲無有畏
무 욕 무 유 외
욕심이 없으니 두려움 있지 않고

恬淡無憂患
염 담 무 우 환
욕심 없이 편안하니 근심도 없거늘

欲除使結解
욕 제 사 결 해
욕심을 없애어 결박에서 풀리게 될지면

是爲長出淵
시 위 장 출 연
이는 깊은 못에서 길이 벗어나게 되니라.

32-31

欲我知汝本
욕 아 지 여 본
애욕이여 내 너의 근본을 아니

意以思想生
의 이 사 상 생
마음이 뜻한 생각으로 일어나거늘

我不思想汝
아 불 사 상 여
나는 네가 뜻하는 생각을 하지 않으리니

則汝而不有
즉 여 이 불 유
곧 너도 있지 아니하노라.

32-32

伐樹勿休
벌 수 물 휴
나무를 베면 그치지 말지니

樹生諸惡
수 생 제 악
나무가 자라듯이 모든 악함이 자라날진대

斷樹盡株
단 수 진 주
뿌리가 다하도록 나무를 잘라내면

比丘滅度　　수행자 비구도 번뇌가 다하여 건너리라.[276]
비구멸도

32-33

夫不伐樹　　대개 나무를 다 베어내지 아니하면
부불벌수

少多餘親　　조금의 여분일지라도 가까이할지니
소다여친

心繫於此　　마음이 이에 얽매이노라면
심계어차

如犢求母　　마치 송아지가 어미 찾는 것과 같도다.
여독구모

---

276 멸도滅度는 열반의 다른 표현이며 나고 죽는 번뇌의 바다를 건넌다는 뜻으로
윤회의 고통에서 벗어남을 의미한다.

이양품利養品

利養品者 이 양 품 자	이양품의 장에서는[277]
勵己防貪 여 기 방 탐	몸을 가다듬고 탐욕을 막으니
見德思義 견 덕 사 의	덕스러움을 보고 의로움 생각하며
不爲穢生 불 위 예 생	삶을 욕되게 하지 말라고 한다.[278]

---

[277] 이양利養은 이익을 구하여 육신을 기르는 것을 말한다. 곧 재물과 이익을 탐하며 세간의 평판과 명성과 명예를 구하는 것을 말한다.

여러 번역서(법구경, 담마빠다) 중 이기석과 이종기본과 이동형(법구비유경)은 이양품이 포함되었으나 한명숙과 현진 등은 이 부분이 빠져 있다.

[278] 이양품은 4언4행의 서두 외에 총 20편으로 구성되었다. 그중 제1편과 제2편과 제18편 등 3편이 5언4행이고 그 외 나머지 17편은 모두 4언4행으로 구성되었다.

33-1

芭蕉以實死　파초는 열매를 맺음으로써 생명이 다하고
파초이실사

竹蘆實亦然　대나무와 갈대의 열매 또한 그러하며
죽로실역연

駏驉坐姙死　암나귀와 수말에서 난 버새도 새끼를 배면 죽으나
거허좌임사

士以貪自喪　사람은 탐욕 때문에 스스로를 잃는다.
사이탐자상

33-2

如是貪無利　이와 같이 탐욕은 이로움 없이
여시탐무리

當知從癡生　어리석음 따라 일어남을 마땅히 알지니
당지종치생

愚爲此害賢　어리석은 이가 이를 위해 어진 이를 해치면
우위차해현

首領分于地　머리가 땅에 짓찧어져 쪼개지리라.
수령분우지

33-3

天雨七寶　하늘에서 칠보가 비처럼 내리어도[279]
천우칠보

欲猶無厭　욕심은 오히려 만족함이 없을지니
욕유무염

---

279 칠보七寶는 일곱 가지 보배로 칠진七珍이라고도 하며 기록들에서 약간의 차이는
　　있으나 대체로 금, 은, 유리, 수정, 백산호, 적진주, 마노瑪瑙(옥돌종류) 등이다.

樂少苦多
악소고다
즐거움은 적고 괴로움이 많다는 것을

覺者爲賢
각자위현
깨닫는 이가 어진 이이노라.

33-4

雖有天欲
수유천욕
비록 하늘에 욕계천 있다 하더라도[280]

慧捨無貪
혜사무탐
지혜로운 이는 버리고 탐내지 않을지니

樂離恩愛
악리은애
은정에 애착하는 마음 기꺼이 떠나노라면

爲佛弟子
위불제자
부처님 제자 되노라.

33-5

遠道順邪
원도순사
바른 도 멀리하고 그릇된 길 따르면

貪養比丘
탐양비구
이양을 탐하는 비구이리니

止有慳意
지유간의
인색한 마음 가지기를 그치고

以供彼姓
이공피성
저 백성들에게 베풀지어다.[281]

---

280 욕계欲界는 육욕천六欲天의 총칭으로 삼계(욕계천, 색계천, 무색계천)의 천상세계
중 하나이기도 하다.

281 이기석과 이종기본은 이양편 제5편, 제6편, 제7편, 제8편의 체재에서 약간의

33-6

勿猗此養 물 의 차 양	이러한 이로움 배양에 의지하지 말지니
爲家捨罪 위 가 사 죄	가풍을 버리는 죄를 지으면[282]
此非至意 차 비 지 의	이는 지극한 마음이 아니거늘
用用何益 용 용 하 익	맡은 일 힘쓴다 해도 무엇이 유익하겠나.

33-7

愚爲愚計 우 위 우 계	어리석은 이가 어리석은 계교를 꾸미며
欲慢用增 욕 만 용 증	탐욕과 교만함을 더하여 부리나

차이가 있으나 교정자는 이종기본이 좀 더 타당성이 있다고 보아 이를 따랐음을 밝힌다. 즉 이기석은 제5편 4행 "以供彼姓"에서 끝나지 않고 제6편의 첫 행이 삽입되면서 제7편과 제8편의 체재로까지 파급된 상황이다.

한문 문법(한문문법, 홍인표, 신아사, 1978)에서 以의 용법 중 특수하게 아래의 행위가 위 행위에 대한 목적인 경우가 있다. 즉 "以"는 각각 다른 주어의 두 소구문을 연접시킬 수는 없지만 두 개의 동사 및 부속 부분을 연접시킬 수는 있다. 예를 들면 "讀書有得(독서유득) 책을 읽어 얻음이 있으면 當隨時筆記(당수시필기) 마땅히 수시로 필기하여 以免遺忘(이면유망) 잊어버리는 것을 막아야 한다."와 같은 경우이다. 따라서 문법적으로나 형식적으로나 제5편은 4행에서 끝나는 것이 자연스럽다.

282 가풍家風은 일반적으로 한 집안의 규율과 풍습을 말하나 집안 또는 종단宗團의 법도法度도 포함된다.

異哉失利
이 재 실 리

괴이하도다. 이로움 잃고

泥洹不同
이 원 부 동

열반도 함께 하지 못하리로다.

33-8

諦知是者
제 지 시 자

진실한 도리 바르게 아는 이는

比丘佛子
비 구 불 자

수행자 비구와 부처님 제자들이나니

不樂利養
불 락 이 양

이로움 구하며 육신 기르기를 즐기지 말고

閑居却意
한 거 각 의

한가로이 살며 마음의 뜻 물리칠지어다.

33-9

自得不恃
자 득 불 시

의지하지 아니하고 스스로 얻으며

不從他望
부 종 타 망

남의 바람에 따르지 아니할지니

望彼比丘
망 피 비 구

저 이양을 바라는 수행자 비구는

不至正定
부 지 정 정

바른 선정에 이르지 못하리라.[283]

---

283 바른 수행을 말하는 정정正定은 팔정도八正道의 하나로 산란한 생각을 떨쳐버리고 마음을 안정시켜 본래의 마음자리에 머물게 한다.

33-10

夫欲安命
부 욕 안 명　　대개 목숨이 편안하고자 하면

息心自省
식 심 자 성　　마음을 쉬고 스스로를 살피며

不知計數
부 지 계 수　　수량 헤아리기를 알지 못해야 하나니

衣服飮食
의 복 음 식　　곧 의복과 음식들이로다.

33-11

夫欲安命
부 욕 안 명　　대개 목숨이 편안하고자 하면

息心自省
식 심 자 성　　마음을 쉬고 스스로를 살필지니

取得知足
취 득 지 족　　얻어서 가지면 만족할 줄 알고

守行一法
수 행 일 법　　한 가지 바른 법만 지켜 행할지어다.

33-12

夫欲安命
부 욕 안 명　　대개 목숨이 편안하고자 하면

息心自省
식 심 자 성　　마음을 쉬고 스스로를 살필지니

如鼠藏穴
여 서 장 혈　　마치 쥐가 구멍에 몸을 감추는 것과 같이

潛隱習敎
잠은습교 　깊이 숨어 가르침 익힐지어다.

33-13

約利約耳
약리약이 　귀를 단속하며 이로움 덜고

奉戒思惟
봉계사유 　계율을 받들어 헤아려 생각하노라면

爲慧所稱
위혜소칭 　지혜롭다 일컫는 바 되리니

淸吉勿怠
청길물태 　맑고 착하게 하기를 게을리하지 말지니라.

33-14

如有三明
여유삼명 　만약 세 가지 밝음이 있으면[284]

解脫無漏
해탈무루 　번뇌를 없애고 속박에서 벗어나리나

寡智鮮識
과지선식 　지혜가 적고 식견이 적으면

無所憶念
무소억념 　생각에 깊이 잠기는 바가 없노라.

---

[284] 삼명三明은 삼달三達이라고도 하며 아라한이 얻은 세 가지 신통神通을 가리킨다. 즉 일체 세인들의 전생의 일을 아는 숙명통宿命通, 우주 법계의 현상을 보는 초능력의 천안통天眼通, 일체의 번뇌가 소멸된 상태로 사제四諦의 이치를 깨달아 다시 삼계에 빠지지 않는 불가사의한 능력의 누진통漏盡通 등이다. 이와 같은 광명으로 어두운 어리석음을 깨뜨린다는 뜻이다.

33-15

其於食飲　그 먹고 마심에서
기 어 식 음

從人得利　남을 따라 이로움 얻을지나
종 인 득 리

而有惡法　옳지 아니한 해로운 법을 취하면
이 유 악 법

從供養嫉　공양함에 따라 시새움 자란다.
종 공 양 질

33-16

多結怨利　원망함과 이로움이 많이 맺어지면
다 결 원 리

强服法衣　억지로 입혀진 가사를 걸치고
강 복 법 의

但望飲食　다만 먹고 마시는 것만 바랄 뿐이리니
단 망 음 식

不奉佛教　부처님 가르침 받들지 못하노라.
불 봉 불 교

33-17

當知是過　마땅히 이러한 허물을 알고
당 지 시 과

養爲大畏　이양을 크게 두려워하게 되면
양 위 대 외

寡取無憂　가진 것이 적어도 근심이 없으리니
과 취 무 우

320

比丘釋心　수행자 비구는 그 마음 깨달을지어다.[285]
비구석심

33-18

非食命不濟　먹지 않으면 목숨을 구제하지 못하니
비식명부제

孰能不揣食　누가 능히 헤아려 먹지 않으리오.
숙능불취식

夫立食爲先　대개 먹는 것을 우선으로 세우게 되나니
부립식위선

知是不宜嫉　이를 알면 시새움은 옳지 않도다.
지시불의질

33-19

嫉先創己　시새우는 마음은 먼저 자기가 다치고[286]
질선창기

然後創人　그러한 후 남을 다치게 하나니
연후창인

擊人得擊　남을 치면 되받아 쳐 얻거늘
격인득격

是不得除　이에 없어질 수 없노라.
시부득제

285　석釋은 석가釋家의 약칭으로 스님들이 속가의 성씨 대신 그 아름 앞에 사용하는 불가佛家에서의 통념적인 성씨이기도 하다.

286　'미워하고, 투기하며, 부러워하는' 등의 질嫉과 투妬는 '자신보다 나은 사람을 공연히 미워하고 싫어하는' 질투와 같은 뜻으로 우리말 '시새움', '시새우다'가 있다.

33-20

寧噉燒石　　차라리 불에 달군 돌을 씹고
영 담 소 석

呑飮洋銅　　구리 녹인 질퍽한 물을 삼킬지언정
탄 음 양 동

不以無戒　　계율 없이 하지 말 것은
불 이 무 계

食人信施　　사람들이 믿고 베푸는 공양받는 것이로다.
식 인 신 시

사문품沙門品

沙門品者
사 문 품 자
　　사문품의 장에서는

訓以法正
훈 이 법 정
　　부처님의 바른 가르침으로 경계하니

弟子受行
제 자 수 행
　　제자가 이를 받아 행하면

得道解淨
득 도 해 정
　　큰 도 깨닫고 벗어나 맑고 깨끗하다 한다.[287]

---

287 정正은 우선 열반에 이르는 여덟 가지 구체적인 정도正道를 생각할 수 있으며 정淨은 사문沙門인 비구比丘의 오덕五德 중 하나이다. 수행자 비구가 깨끗한 마음으로 청정한 생활을 영위하는 정명淨命을 통해 큰 도를 깨닫고 득도得道하면 집착과 번뇌에서 벗어나 열반에 이른다. 이는 청정한 마음으로 도달하는 피안의 세계인 극락정토極樂淨土를 짐작할 수 있다. 아울러 정법正法은 부처님의 올바른 가르침으로 불교의 근본인 연기법緣起法을 말한다.
사문품은 4언4행의 서두 외에 총 32편이 구성되었다. 그중 제1편과 제2편 그리고 제23편과 제24편 등 4편이 5언4행이고 나머지 28편은 모두 4언4행으로 구성되었다.

34-1

端目耳鼻口　눈과 귀와 코와 입을 단정히 하고
단목이비구

身意常守正　몸과 마음을 항상 바르게 지킬지니
신의상수정

比丘行如是　수행자 비구의 행함이 이와 같으면[288]
비구행여시

可以免衆苦　온갖 괴로움 면할 수 있도다.
가이면중고

34-2

手足莫妄犯　손과 발을 그릇되이 범하지 말고
수족막망범

節言順所行　말을 절제하며 행하는 바를 좇으면
절언순소행

常內樂定意　안으로 선정 닦는 마음이 항상 즐거우리니
상내락정의

守一行寂然　일념으로 지킨 행함이 고요한 모습이로다.
수일행적연

288 비구比丘의 또 다른 이름은 사문沙門이며 머리를 깎고 불문佛門에 들어가 오직
　　도道를 닦는 수행자를 말하나 원래 '부지런히 노력하는 자'라는 뜻으로 수행자에
　　대한 총칭이었다.

34-3

學當守口　　마땅히 입 삼가기를 배우고
학 당 수 구

宥言安徐　　말을 너그럽게 하면 편안하고 조용해지나니
유 언 안 서

法義爲定　　바른 법의 뜻이 마음을 안정되게 하면
법 의 위 정

言必柔軟　　말도 반드시 부드럽고 순하니라.
언 필 유 연

34-4

樂法欲法　　바른 법 즐겨 본받고자 하고
낙 법 욕 법

思惟安法　　바른 법 헤아려 생각하면 편안할지니
사 유 안 법

比丘依法　　수행하는 비구가 바른 법 의지하면
비 구 의 법

正而不費　　바르고 헛되지 않도다.
정 이 불 비

34-5

學無求利　　배움으로 이로움 구하지 말고
학 무 구 리

無愛他行　　다른 행함에 마음 빼앗기지 말지니
무 애 타 행

比丘好他　　수행하는 비구가 다른 것을 좋아하면
비 구 호 타

不得定意　　마음의 안정 얻지 못하리라.
부 득 정 의

34-6

比丘少取
비구소취

수행자 비구는 적게 거두어 가지고

以得無積
이득무적

얻어서 쌓아 모으지 말지니

天人所譽
천인소예

하늘과 사람들이 기리는 바이라면

生淨無穢
생정무예

삶이 깨끗해야 욕됨이 없도다.

34-7

比丘爲慈
비구위자

수행자 비구는 자비로움 행하고

愛敬佛教
애경불교

부처님 가르침 공경하며 가까이할지니

深入止觀
심입지관

깊이 들어가 번뇌 그치고 청정한 마음 살펴 알면[289]

滅行乃安
멸행내안

행함이 다하여 이후 편안하도다.

---

289 심심深心은 온갖 선행 쌓기 좋아하는 굳은 마음으로 여래의 본원本願을 깊이
믿는 마음이다. 이는 정토왕생에 필요한 세 가지 마음인 지성심, 심심, 회향발원
중 하나이다.
　　또한 지관止觀의 지는 모든 번뇌를 그치는 것이고 관은 자신의 청정한 마음을
알아차리는 것으로 온갖 망념을 그치고 고요하고 맑은 슬기로움으로 만법을
비추어 보는 것을 뜻한다.

34-8

一切名色 일 체 명 색	모든 이름과 형상은
非有莫惑 비 유 막 혹	있는 것이 아니니 미혹되지 말고
不近不憂 불 근 불 우	가까이 하지 아니하며 근심도 하지 아니하면
乃爲比丘 내 위 비 구	곧 수행자 비구가 되니라.

34-9

比丘扈船 비 구 호 선	수행자 비구가 배를 넓히려고
中虛則輕 중 허 즉 경	중심을 비우면 가벼워지나니
除婬怒癡 제 음 노 치	음욕과 성냄과 어리석음을 없애 버리면
是爲泥洹 시 위 니 원	바로 열반의 경지이노라.

34-10

| 捨五斷五
사 오 단 오 | 다섯 가지 버리고 다섯 가지 끊으며[290] |

290 버리고 끊어야 할 것을 짐작해 보면 널리 알려진 오욕五慾은 다섯 감각 기관(시각, 청각, 후각, 미각, 촉각)과 그 대상과의 관계에서 일어난 세속적 욕망으로 재욕, 색욕, 명예욕, 수면욕, 식욕 등이다. 오혹五惑은 중생의 마음을 미혹하게 하여 정도正道에 방해되는 탐貪(탐냄), 진瞋(성냄), 치癡(어리석음), 만慢(교만), 의疑(의

思惟五根　다섯 가지 근원을 헤아려 생각할지니[291]
사유오근

能分別五　사리 따져 다섯 가지 가려낼 수 있으면[292]
능분별오

乃渡河淵　이후 깊은 강 건너리라.
내도하연

심함) 등이다.

이 외 오개五蓋(오장五障이라고도 함)는 심성心性을 가려 참선을 방해하는 것으로 탐욕개貪欲蓋(오욕에 집착해 심성을 가림), 진에개瞋恚蓋(성내어 심성을 가림), 혼면개惛眠蓋(마음이 흐리고 몸이 무거워져 심성을 가림), 도회개掉悔蓋(마음이 흔들리고 근심하여 심성을 가림), 의개疑蓋(의심이 깊어 심성을 가림) 등이 있다.

또한 다섯 가지 잘못된 오견五見(오악견五惡見이라고도 함)은 신견身見(내가 실로 있다고 집착함), 변견邊見(나에 대한 집착이 영원하다거나 아주 사라진다는 치우친 견해), 사견邪見(선의 가치를 인정하지 않고 악의 두려움을 생각하지 않는 잘못된 견해), 견취견見取見(자기 소견만을 고집하며 삿된 견해를 옳다고 고집하는 망견), 계금취견戒禁取見(삿된 길을 고집하며 열반의 길이라 생각하는 잘못된 소견) 등이다.

291 오근五根은 두 가지가 있으며 하나는 번뇌의 뿌리인 안, 이, 비, 설, 신 등 다섯 감각 기관으로 감각이 들락날락한다 하여 오입五入이라고도 한다. 다른 하나는 37도품三七道品 중 신근信根, 정진근精進根, 염근念根, 정근定根, 혜근慧根 등으로 이들은 번뇌를 누르고 바르게 깨달아 결국 도에 나아가는 뛰어난 작용이 있어 오근이라 한다. 나아가 육근六根은 다섯 감각 기관 외에 의意가 포함된다.

292 기본적으로 오행五行 즉 보시布施, 지계持戒, 인욕忍辱, 정진精進, 지관止觀을 비롯해 오회五悔(참회, 권청, 수희, 회향, 발원), 오별경심소五別境心所 즉 마음 작용에 따라 일어나는 심리 작용으로 희망하고 바라는 욕구欲求, 인간관계 따라 흔들리지 않는 승해勝解, 과거 경계를 기억하여 망실되지 않음을 뜻한 정려靜慮, 지관과 같이 망념을 그치고 집중하여 안정하는 정定, 실상을 바로 비추어 깨닫는 혜慧 등을 유추할 수 있다.

禪無放逸
선 무 방 일
선정을 행하며 제 마음대로 하지 말고

莫爲欲亂
막 위 욕 란
욕망으로 마음 어지럽히지 말지니

不呑洋銅
불 탄 양 동
구리 녹인 질퍽한 물 삼키 듯이

自惱燋形
자 뇌 초 형
몸을 불사르며 스스로 괴롭히지 말지니라.

34-12

無禪不智
무 선 부 지
선정이 없이는 지혜로움 얻지 못하고

無智不禪
무 지 불 선
지혜로움 없이는 선정에 들지 못하리니

道從禪智
도 종 선 지
바른 도는 선정과 지혜로움 따라

得至泥洹
득 지 니 원
크게 깨닫고 열반에 이르리로다.

34-13

當學入空
당 학 입 공
마땅히 배우고 텅 빈 상태에 드니[293]

293 공空은 일반적으로 아무 것도 없는 텅 빈 상태를 의미하나 비유비무非有非無(있음
도 아니고 없음도 아님)로서 무자성無自性이며 실체가 없는 공空 아닌 공이다.
다시 말해 본래 자성이 없이 인연 따라 생멸하기 때문에 실재한다고 말할
수 없으나 허공처럼 비어 있음에도 대기의 기운처럼 생명으로 가득 차 있어

靜居止意　　마음이 한 곳에 고요히 머물거늘
정 거 지 의

樂獨屛處　　숨겨진 그윽한 곳에서 홀로 즐기리나
낙 독 병 처

一心觀法　　한 마음으로 만법을 비추어 살필지어다.[294]
일 심 관 법

34-14

常制五陰　　항상 오음을 절제하면[295]
상 제 오 음

伏意如水　　마음이 물과 같이 스며들거늘
복 의 여 수

이는 만법의 생성 원리인 동시에 만물의 어머니라 할 수 있다.

294 일심一心은 우주의 근본으로서 우주심宇宙心, 유일의 근본식根本識, 일심정념一心
正念 등으로 설명된다.

관법觀法은 진리를 관상觀想하는 방법으로 진리를 마음으로 살피는 것을 뜻한다.
또한 관심觀心이 행위의 주체인 마음을 살피는 것이라면 관법은 객관적 대상인
사물을 살피는 것이라 한다. 그럼에도 마음은 만법의 주체로 어떤 경우에도
마음에서 떠나는 것이 없고 서로 융통하고 걸림이 없으므로 마음을 살핌은
곧 온갖 법을 살피는 것이고 법을 살핌은 마음 살핌과 다르지 않다고 한다.

295 오음五陰은 오온五蘊(다섯 가지 집합 또는 뭉친 덩어리)이라고도 하며 소위 나를
구성하고 있는 다섯 가지 물질적, 정신적 오음소로 인해 일체의 번뇌와 망상이
전개된다.

곧 물질세계인 색色(생멸 변화하는 육신)과 정신세계인 수受(감정으로 그 경계에
대해 사물을 받아들이는 작용이며 고苦, 낙樂, 사捨 등 삼수가 있음), 상想(지각으로
사물을 알아차리는 작용), 행行(선악에 관한 일체의 의지적 작용), 식識(눈, 코, 귀,
혀, 몸, 마음 등 육근의 감각과 마음 자체를 통해 대상을 분별하고 인식하는 마음
작용) 등이다.

淸淨和悅
청정화열
맑고 깨끗하며 조화로워 기쁘나니

爲甘露味
위감로미
단 이슬 같은 맛이로다.[296]

34-15

不受所有
불수소유
받아도 가진 바 없으니

爲慧比丘
위혜비구
지혜로운 비구이며

攝根知足
섭근지족
근본을 가다듬고 만족할 줄 아니

戒律悉持
계율실지
계율을 모두 지킬지니라.

34-16

生當行淨
생당행정
태어나 마땅히 맑게 행하고

求善師友
구선사우
좋은 스승과 벗을 구할지니

智者成人
지자성인
지혜로운 이로 성장한 사람 되노라면

度苦致喜
도고치희
괴로움 건너 기쁨에 이르리라.

296 감로甘露는 범어 amrta로 생명수 같은 부처님 가르침을 말하며 불사不死 또는
천주天酒라고도 한다. 달콤한 이슬은 옛날에 천하가 태평하면 하늘에서 내리는
상서라고 했으며 이는 도리천에 있는 영액으로 한 방울만 먹어도 불로장생하고
죽은 이는 부활한다고 전해졌다.

34-17

如衛師華 여 위 사 화	마치 피어난 재스민 꽃이
熟知自墮 숙 지 자 타	시들면 자연히 떨어지는 것을 아는 것처럼
釋婬怒癡 석 음 노 치	음욕과 성냄과 어리석음을 놓아버릴지면
生死自解 생 사 자 해	삶과 죽음도 자연히 벗어나리라.

34-18

止身止言 지 신 지 언	몸을 편히 쉬며 말을 그치고
心守玄默 심 수 현 묵	마음은 고요히 침묵을 지킬지니
比丘棄世 비 구 기 세	수행하는 비구가 세속 번뇌를 버릴지면
是爲受寂 시 위 수 적	바로 적멸의 경지 얻게 되노라.

34-19

當自勅身 당 자 칙 신	마땅히 스스로 몸을 단속하고 경계하며
內與心爭 내 여 심 쟁	안으로는 마음과 더불어 다툴지나
護身念諦 호 신 념 제	몸 보호하며 불변의 진리 생각할지면

比丘惟安　　수행자 비구는 오로지 편안하도다.
비 구 유 안

34-20

我自爲我　　내 스스로 나라고 생각하면
아 자 위 아

計無有我　　있지 않은 나를 헤아려 생각하나니
계 무 유 아

故當損我　　때문에 마땅히 나를 덜어 없애고
고 당 손 아

調乃爲賢　　다스리면 이후 어진 이 되노라.
조 내 위 현

34-21

喜在佛教　　기쁨이 부처님 가르침에 있으니
희 재 불 교

可以多喜　　가히 많은 기쁨으로 말미암아
가 이 다 희

至到寂寞　　지극히 고요한 열반에 이르리니
지 도 적 막

行滅永安　　행함이 다하여 길이 편안하리라.
행 멸 영 안

34-22

儻有少行　　문득 잠깐의 행함이 있다 해도
당 유 소 행

應佛教戒　　부처님 가르침과 계율에 상응하면[297]
응 불 교 계

此照世間 이는 세상을 밝게 비추리니
차 조 세 간

如日無噎 마치 막힘없이 비치는 해와 같도다.
여 일 무 열

34-23

棄慢無餘憍 교만함을 버리고 남은 방자함도 없으면
기 만 무 여 교

蓮華水生淨 물속에 맑게 피어나는 연꽃과 같거늘
연 화 수 생 정

學能捨此彼 배움으로 이것저것 버릴 수 있으리니
학 능 사 차 피

知是勝於故 이를 알면 이전보다 뛰어나도다.
지 시 승 어 고

34-24

割愛無戀慕 애욕을 잘라내고 그리워하는 생각 없으면
할 애 무 연 모

不受如蓮花 마치 연꽃같이 더러움 받아 지니지 않을지나[298]
불 수 여 연 화

比丘渡河流 수행자 비구는 흐르는 강물 건너리니
비 구 도 하 류

297 상응相應은 서로 맞아 어울리는 계합契合의 뜻이다. 한편 상응과 같은 뜻인
  유가瑜伽는 범어 yoga로 요가를 뜻하며 상응, 결합, 제어制御, 집중의 뜻이
  있다. 곧 인도에서 전한 심신 단련법의 하나로 호흡 억제와 감관의 통어, 선정禪
  定, 정신통일, 삼매 등에 의해 초자연적 힘을 얻는 수행법을 말한다.
298 연꽃은 불교의 상징인 동시에 더럽히지 않는 중생들의 불성佛性을 뜻한다.

勝欲明於故　욕망을 이겨내면 이전보다 지혜롭도다.
승 욕 명 어 고

34-25

截流自恃　잘라 흘려보낼 것을 스스로 믿고
절 류 자 시

逝心却欲　마음으로 욕망을 물리쳐 떠나보낼지라도
서 심 각 욕

仁不割欲　어진 인간으로서 욕망을 베어내지 못하면[299]
인 불 할 욕

一意猶走　한결 같은 마음 오히려 달아나리라.
일 의 유 주

34-26

爲之爲之　이를 행하고 이를 이루려면
위 지 위 지

必强自制　반드시 스스로 굳세게 절제해야 하거늘
필 강 자 제

捨家而懈　집을 버리고 떠나도 게으르면
사 가 이 해

---

[299] 이기석과 이종기본과 한명숙은 인仁으로 이동형은 인人으로 표기했다.
실제 인仁은 '어질고, 착한, 동정하는' 등의 뜻 외에 사람 인人과 같이 사람의
근본을 의미하는 뜻이 있다. 한편 인仁은 공자가 주장한 유교 도덕적 이념으로
오상五常인 인仁, 의義, 예禮, 지智, 신信 중의 하나로 이는 모든 덕德의 기초가
된다. 이에 공자는 극기복례克己復禮라고 하여 과도한 욕망을 누르고 예의를
지켜야 한다고 했다.

意猶復染
의 유 부 염
마음이 오히려 다시 물들게 되니라.

34-27

行懈緩者
행 해 완 자
게으르고 느리게 행하는 이는

勞意弗除
노 의 불 제
마음의 근심을 없애지 못하리니

非淨梵行
비 정 범 행
맑고 깨끗한 행함이 아니면

焉致大寶
언 치 대 보
어찌 큰 보배 되어 이르겠는가.[300]

34-28

沙門何行
사 문 하 행
사문이 무엇을 행하든

如意不禁
여 의 불 금
만약 마음의 뜻을 금하지 못하면

步步著粘
보 보 착 점
걸음마다 끈끈하게 달라붙을지니

但隨思走
단 수 사 주
다만 그 생각에 따라 달릴 뿐이로다.

300 삼보三寶는 불佛, 법法, 승僧으로 우주의 진리를 깨달은 불타佛陀, 불타가 설하신
교법教法, 교법을 따라 수행하는 승려僧侶를 말하며 또한 불경佛經을 보배와
같이 귀중히 여겨 법보法寶라 일컫기도 한다.

34-29

袈裟披肩
가사 피 견
가사를 어깨에 펴 걸치고도

爲惡不損
위 악 불 손
바르지 못한 행함으로 덜어내지 못하고

惡惡行者
악 악 행 자
법에 어긋난 행함으로 착하지 못한 이는

斯墮惡道
사 타 악 도
곧 악한 길에 떨어지리라.

34-30

不調難誡
부 조 난 계
절제하지 아니하면 타일러 경계하기 어려우니

如風枯樹
여 풍 고 수
마치 바람에 나무가 마르듯이

作自爲身
작 자 위 신
자신이라 함은 스스로 만든 것이거늘

曷不精進
갈 부 정 진
어찌 힘써 닦아 나아가지 아니하리오.

34-31

息心非剔
식 심 비 척
마음 그친다 하고 끊어내지 아니하니

慢訑無戒
만 이 무 계
계율 없이 교만하고 방탕하거늘

捨貪思道
사 탐 사 도
탐욕을 버리고 바른 도 생각하노라면

乃應息心　　곧 마음 그침에 상응하노라.
내 응 식 심

34-32

息心非剔　　마음 그친다 하고 끊어내지 아니하니
식 심 비 척

放逸無信　　믿음 없이 제멋대로 행하거늘
방 일 무 신

能滅衆苦　　모든 괴로움 없앨 수 있노라면
능 멸 중 고

爲上沙門　　훌륭한 사문이 되노라.
위 상 사 문

범지품梵志品

梵志品者
범지품자
범지품의 장에서는

言行淸白
언행청백
말과 행함이 맑고 깨끗하니

理學無穢
이학무예
그 이치를 배워 욕됨이 없으면

可稱道士
가칭도사
도인이라 일컬을 만하다 한다.[301]

---

301 범지품은 4언4행의 서두 외에 모두 40편이다. 그중 제6편과 제7편 등 2편은
5언4행이고 제5편과 제32편과 제40편 등 3편은 4언6행이며 나머지 35편은
모두 4언4행으로 구성되었다.

이미 말한 바와 같이 도사道士는 불교 또는 그 외 도道를 행하는 사람을 가리키며
도인道人이라고도 한다. 이는 깨달음을 얻었거나 얻지 못했거나 관계없이 사용
했다. 이에 비해 도인道人, 진인眞人, 성인聖人과 같은 뜻으로 진리를 통달한
격이 높은 사람은 지인至人이라고 한다.

35-1

| 截流而渡 | 끊어 흘려보내고 건너리니 |
| 절 류 이 도 | |

| 無欲如梵 | 청정한 행함과 같이 애욕을 없애고[302] |
| 무 욕 여 범 | |

| 知行已盡 | 행함이 이미 다함을 아노라면 |
| 지 행 이 진 | |

| 是謂梵志 | 이를 청정한 도인의 뜻이라 이른다.[303] |
| 시 위 범 지 | |

35-2

| 以無二法 | 둘 없는 바른 법에 따라[304] |
| 이 무 이 법 | |

| 淸淨渡淵 | 맑고 깨끗한 깊은 못 건너리니 |
| 청 정 도 연 | |

---

302 범梵은 깨끗하다는 청정의 뜻이 있어서 범행梵行(brahma-carya)을 정행淨行이라
고도 한다. 곧 맑고 깨끗한 행함을 가리키며 나아가 불도의 수행으로 음욕淫慾을
끊기 위한 금욕지계禁慾持戒를 뜻하기도 한다.
또한 범천梵天은 바라문교에서 만물의 창조신을 말해 범천왕이라고 하며 불교에
서는 제석천(수미산 정상에 있는 도리천의 왕)과 함께 불법의 수호신이다.
한편 바라문은 부처님 당시 인도 사성四姓 가운데 가장 높은 승족僧族이었다.
또한 바라문교는 불교에 앞서 인도 바라문족을 중심으로 발달한 종교를 총칭한
다. 즉 우주의 근본 원리인 브라만(범梵)과 개인의 중심인 아트만(아我)이 하나라
는 사상인 범아일여梵我一如 사상과 불평등 사상이 함축된 사성四姓제도 등이
특징이다.

303 제22장 술불품 제8편에서는 또한 마음이 한곳에 머무는 경지를 범지라고 했다.

304 불이법문不二法門은 모든 사물이나 사유를 둘로 보지 않아서 궁극적으로 우주의
실체인 진여眞如(인간 사상과 개념으로 미칠 수 없는 절대적 진리)와 법공法空(만유는

諸欲結解
제 욕 결 해
모든 욕망으로 매인 번뇌 벗어나노라면

是謂梵志
시 위 범 지
이를 청정한 도인의 뜻이라 이르노라.

35-3

適彼無彼
적 피 무 피
마침 저것을 저것이 아니라고 하나

彼彼已空
피 피 이 공
저것을 저것이라 해도 이미 실체 없이 비었거늘

捨離貪婬
사 리 탐 음
탐욕과 음욕을 버리고 떠나노라면

是謂梵志
시 위 범 지
이를 청정한 도인의 뜻이라 이른다.

35-4

思惟無垢
사 유 무 구
헤아려 생각함이 때 묻지 않고

所行不漏
소 행 불 루
행하는 바 번뇌도 없나니

上求不起
상 구 불 기
높은 것 바라는 마음 일으키지 아니하면

실체 없이 공무空無함)임을 뜻하나 또한 단일을 의미하지는 않는다. 즉 주체적 자아의 존재로부터 남을 구별하면 둘이 대립되기도 하나 자아의 진실한 실성實性을 보는 이는 또한 그것이 공空임을 안다. 다시 말해 사물과 집착을 떠나면 본체인 공의 세계가 보이며 어떠한 분별도 없어 불이不二이며 진여이므로 침묵만 있을 뿐이다.

是謂梵志
시 위 범 지

이를 청정한 도인의 뜻이라 이르느니라.

35-5

日照於晝
일 조 어 주

해는 낮에 빛나고

月照於夜
월 조 어 야

달은 밤에 빛나듯이

甲兵照軍
갑 병 조 군

갑옷과 병기는 군인을 빛내고

禪照道人
선 조 도 인

마음 가다듬은 선정은 도인을 빛내나

佛出天下
불 출 천 하

부처님께서 세상에 출현하시니

照一切冥
조 일 체 명

모든 어둠 밝혀 비추시도다.

35-6

非剃爲沙門
비 체 위 사 문

머리 깎아 사문 되는 것이 아니고

稱吉爲梵志
칭 길 위 범 지

착함이 일컬어지는 이가 청정한 도인의 뜻 행하나니

謂能捨諸惡
위 능 사 제 악

모든 악함을 버릴 수 있다 이르면

是則爲道人
시 즉 위 도 인

이것이 바로 바른 도 행하는 사람이로다.

35-7

出惡爲梵志
출악위범지
악함을 떠남이 청정한 도인의 뜻이고

入正爲沙門
입정위사문
바른 도에 들어감이 사문의 행함이나

棄我衆穢行
기아중예행
내 모든 욕되는 행함을 버리노라면

是則爲捨家
시즉위사가
곧 바로 집 떠난 수행자이니라.

35-8

若猗於愛
약의어애
만약 은애에 의지하더라도

心無所著
심무소착
마음으로 집착한 바 없으면

已捨已正
이사이정
이미 버리고 이미 바르거늘

是滅衆苦
시멸중고
곧 모든 괴로움 다하리라.

35-9

身口與意
신구여의
마음과 더불어 몸과 입이

淨無過失
정무과실
깨끗하면 허물과 잘못이 없거늘

能捨三行
능사삼행
이 세 가지 행함을 버릴 수 있노라면[305]

是謂梵志　　이를 청정한 도인의 뜻이라 이른다.
시 위 범 지

35-10

若心曉了　　만약 마음으로 밝게 깨달으면
약 심 효 료

佛所說法　　부처님께서 가르침 풀어 밝히신 바이니
불 소 설 법

觀心自歸　　마음을 살피고 스스로 돌아가 의지하면
관 심 자 귀

淨於爲水　　물보다 깨끗해질지어다.
정 어 위 수

35-11

非蔟結髮　　머리카락 모아 묶는다 하여
비 족 결 발

名爲梵志　　범지라 이름하지 아니하나니[306]
명 위 범 지

誠行法行　　진실로 바른 법 따른 행함을 수행하며
성 행 법 행

淸白則賢　　맑고 깨끗하면 어질다 하니라.
청 배 즉 현

---

305 마음과 입과 몸으로 짓는 삼업三業을 말하며 사신捨身은 출가出家(세속의 집을 버리고 불도의 수행에 들어가는 것)와 같이 수행을 위해 속계를 떠나 불문佛門에 들어가는 것이다.

306 범지梵志를 바라문이라 번역하는 이유는 당시 바라문들이 머리를 높이 틀어올린 나발螺髮 머리를 했기 때문이라고도 한다.

35-12

飾髮無慧
식 발 무 혜

머리 꾸며도 지혜가 없으면

草衣何施
초 의 하 시

세속 떠난 수행자라도 무엇을 펴겠는가.

內不離著
내 불 리 착

안으로 집착함을 벗어나지 못하면

外捨何益
외 사 하 익

밖으로 버린다 한들 무슨 이로움 있겠는가.

35-13

被服弊惡
피 복 폐 악

입은 옷이 해지고 더러워도

躬承法行
궁 승 법 행

몸소 바른 법 받들어 행하고

閑居思惟
한 거 사 유

한가로이 살며 헤아려 생각하면

是謂梵志
시 위 범 지

이를 청정한 도인의 뜻이라 이른다.

35-14

佛不教彼
불 불 교 피

부처님께서 가르치시지 아니한 그것은

讚己自稱
찬 기 자 칭

자기를 기리며 스스로를 칭찬하는 것이나

如諦不妄
여 제 불 망

만약 진리에 맞고 거짓되지 아니하면

乃爲梵志
내 위 범 지
곧 청정한 도인의 뜻이라 하노라.

35-15

絶諸可欲
절 제 가 욕
탐낼 만한 모든 욕심을 끊고

不婬其志
불 음 기 지
그 뜻 함부로 어지럽히지 아니할지니

委棄欲數
위 기 욕 삭
탐욕스러움이 거듭되더라도 끝끝내 버리면

是爲梵志
시 위 범 지
바로 청정한 도인의 뜻이라 한다.

35-16

斷生死河
단 생 사 하
삶과 죽음의 강 끊고

能忍起度
능 인 기 도
능히 참고 건너는 마음 일으킬지니

自覺出塹
자 각 출 참
스스로 깨달아 구덩이에서 나오면

是謂梵志
시 위 범 지
이를 청정한 도인의 뜻이라 이르리라.

35-17

見罵見擊
견 매 견 격
꾸짖음 당하고 매질을 당해도

默受不怒
묵 수 불 노
묵묵히 받으며 성내지 아니하나니

有忍辱力
유 인 욕 력
욕됨을 참는 힘이 있을지면[307]

是謂梵志
시 위 범 지
이를 청정한 도인의 뜻이라 이른다.

35-18

若見侵欺
약 견 침 기
만약 해침과 속임을 당할지라도

但念守戒
단 념 수 계
오로지 계율 지키기만 생각할 뿐이니

端身自調
단 신 자 조
몸 바르게 하며 스스로를 길들이면

是謂梵志
시 위 범 지
이를 청정한 도인의 뜻이라 이른다.

35-19

心棄惡法
심 기 악 법
마음에서 바르지 못한 법을 버리면

如蛇脫皮
여 사 탈 피
마치 뱀이 허물 벗는 것과 같을지니

不爲欲汚
불 위 욕 오
욕심으로 더럽히지 아니하면

是謂梵志
시 위 범 지
이를 청정한 도인의 뜻이라 이르리라.

---

307 인忍은 인욕忍辱(어떠한 욕됨이나 고뇌에도 참고 견디며 이를 수용하여 마음을 편히
가라앉히는 지혜), 인내忍耐, 감인堪忍, 인허認許, 인가認可, 안인安忍의 뜻으로
모든 굴욕과 박해에도 성내지 않고 진리를 깨달아 마음을 편안히 하는 것을
말한다.

35-20

覺生爲苦 각 생 위 고	삶이 괴로움인 것을 깨닫고
從是滅意 종 시 멸 의	이에 따라 마음의 뜻 다하면
能下重擔 능 하 중 담	무거운 짐 내려놓을 수 있으리니
是謂梵志 시 위 범 지	이를 청정한 도인의 뜻이라 이르노라.

35-21

解微妙慧 해 미 묘 혜	그윽하고 깊은 지혜로움 깨닫고
辯道不道 변 도 부 도	바른 도와 바른 도 아닌 것들 가려 밝히며
體行上義 체 행 상 의	몸소 높은 뜻 실행하노라면
是謂梵志 시 위 범 지	이를 청정한 도인의 뜻이라 이른다.

35-22

棄捐居家 기 연 거 가	집에 살며 재물 내어 남 도와주다가
無家之畏 무 가 지 외	집에서의 행함을 꺼리는 두려움이 없을지면
少求寡欲 소 구 과 욕	바라는 것이 적고 욕심도 적어지리니

是謂梵志
시 위 범 지
곧 청정한 도인의 뜻이라 이르리라.

35-23

棄放活生
기 방 활 생
살아 있는 생명 내놓아주고

無賊害心
무 적 해 심
해치어 손상하는 마음 없애면

無所嬈惱
무 소 요 뇌
어지러이 근심할 바가 없거든

是謂梵志
시 위 범 지
이를 청정한 도인의 뜻이라 이르니라.

35-24

避爭不爭
피 쟁 부 쟁
다툼을 피하며 싸우지 아니하고

犯而不慍
범 이 불 온
해치어도 성내지 아니하며

惡來善待
악 래 선 대
악하게 다가와도 착하게 응대하면

是謂梵志
시 위 범 지
이를 청정한 도인의 뜻이라 이른다.

35-25

去婬怒癡
거 음 노 치
음욕과 성냄과 어리석음을 버리고

憍慢諸惡
교 만 제 악
교만하고 방자한 모든 악함들을

如蛇脫皮
여사탈피

마치 뱀이 허물 벗는 것 같이 벗으면

是謂梵志
시 위 범 지

바로 청정한 도인의 뜻이라 이른다.

35-26

斷絶世事
단 절 세 사

세상 일 끊어버리고

口無麤言
구 무 추 언

입으로 거친 말 하지 아니하며

八道審諦
팔 도 심 제

여덟 가지 바른 길 살피어 그 도리 알면[308]

是謂梵志
시 위 범 지

이를 청정한 도인의 뜻이라 이르니라.

35-27

所世惡法
소 세 악 법

세상에 해악이 되는 법은

修短巨細
수 단 거 세

길거나 짧거나 크거나 작거나

無取無捨
무 취 무 사

얻을 것이 없어 버릴 것도 없거든[309]

---

308 다시 말해 팔도八道는 여덟 가지 바른 길인 팔정도八正道를 말하며 이들은
정견正見(바른 견해), 정사正思(바른 생각), 정어正語(바른 말), 정업正業(바른 행위),
정명正命(바른 생활), 정정진正精進(바른 수행 노력), 정념正念(바른 정신 집중),
정정正定(바른 수행 결과인 마음 안정) 등이다.

309 취사取捨는 일반적으로 취득하고 버리는 것이다.

是謂梵志
시 위 범 지
이를 청정한 도인의 뜻이라 이른다.

35-28

今世行淨
금 세 행 정
지금의 세상에서 행함이 깨끗하면

後世無穢
후 세 무 예
후세에도 욕되지 않으리니

無習無捨
무 습 무 사
익힘이 없어 버림도 없거든

是謂梵志
시 위 범 지
이를 청정한 도인의 뜻이라 이르니라.

35-29

棄身無猗
기 신 무 의
몸을 버려 의지함이 없고

不誦異行
불 송 이 행
다른 행함을 읊지 아니하거니와

行甘露滅
행 감 로 멸
부처님 가르침 다하도록 행할지면

是謂梵志
시 위 범 지
이를 청정한 도인의 뜻이라 이른다.

한편 취取는 12연기의 하나로 애착에서 일어난 집착을 말하며 번뇌에 대한 총칭이기도 하다. 또한 사捨는 4무량심의 하나로 마음 비움과 한쪽으로 치우치지 않도록 비운 평등심을 말한다. 결국 취사는 집착執著과 분별심分別心의 다른 말이기도 하다.

35-30

於罪與福 어 죄 여 복	죄악과 복덕에 대해
兩行永除 양 행 영 여	두 가지 행함을 길이 없애면
無憂無塵 무 우 무 진	근심이 없고 번뇌도 없으리니
是謂梵志 시 위 범 지	이를 청정한 도인의 뜻이라 이르니라.

35-31

心喜無垢 심 희 무 구	더러움이 없어 마음이 기쁘니[310]
如月盛滿 여 월 성 만	마치 가득찬 보름달 같으며
謗毀已除 방 훼 이 제	비방과 헐뜯음도 이미 없으니
是謂梵志 시 위 범 지	이를 청정한 도인의 뜻이라 이르니라.

35-32

| 見癡往來
견 치 왕 래 | 오가며 어리석은 이들 보면 |
| 墮塹受苦
타 참 수 고 | 구덩이에 떨어져 괴로움 받으나[311] |

---

310 무구진여無垢眞如는 열반의 다른 표현이기도 하며 더러움 없는 실체 또는 절대적
진리를 뜻한다.

欲單渡岸
욕단도안
단 하나 저 언덕 건너고자 할 뿐

不好他語
불호타어
다른 말은 좋아하지 아니하고

唯滅不起
유멸불기
오로지 없애어 일으키지 아니하면

是謂梵志
시위범지
이를 청정한 도인의 뜻이라 이른다.

35-33

已斷恩愛
이단은애
이미 은정에 애착하는 마음 끊고

離家無欲
이가무욕
집 떠나 욕심이 없으리니

愛有已盡
애유이진
가진 바 애욕이 이미 다하면

是謂梵志
시위범지
이를 청정한 도인의 뜻이라 이른다.

35-34

離人聚處
이인취처
사람들 모인 곳에서 벗어나고

不墮天聚
불타천취
하늘의 무리에도 떨어지지 아니하며

---

311 수受는 바깥 경계를 마음에 받아들이는 정신 작용으로서 감각을 말하며 고수苦受
(괴로운 느낌), 낙수樂受(즐거운 느낌), 사수捨受(괴롭지도 즐겁지도 않은 느낌) 등
세 가지 느낌을 삼수三受라 한다.

諸聚不歸
제취불귀
모든 무리에게 돌아가지 않을지면

是謂梵志
시위범지
이를 청정한 도인의 뜻이라 이르리라.

35-35

棄樂無樂
기락무락
즐거움을 버리니 즐거움이 없고

滅無慍懦
멸무온나
성냄과 나약함도 다하여 없나니

健違諸世
건위제세
모든 세속 일 굳세게 벗어버리면

是謂梵志
시위범지
이를 청정한 도인의 뜻이라 이르니라.

35-36

所生已訖
소생이흘
태어남은 이미 이르른 바이고

死無所趣
사무소취
죽음은 재촉하는 바 없을지나[312]

覺安無依
각안무의
의지함이 없이 깨달아 편안하면[313]

---

312 불교에서 취趣는 범어 gati의 번역으로 도道라고도 번역한다. 즉 중생이 번뇌로 인해 업보를 만들고 그에 끌려 사는 곳으로서 육도(삼선도와 삼악도)는 육취와 같다. 한편 도道는 우주의 참 도리로 진리인 동시에 만물의 근원으로 인간의 한계를 넘은 것이어서 이에 하나가 되기 위해서는 자아를 버려야 하니 바로 도道 속에 자신을 망각하는 것이라고 한다.

是謂梵志
시 위 범 지

이를 청정한 도인의 뜻이라 이르리라.

35-37

已度五道
이 도 오 도

이미 다섯 길을 건너도[314]

莫知所墮
막 지 소 타

떨어질 곳을 알지 못하나니

習盡無餘
습 진 무 여

배워 익히기를 다하고 남은 것이 없을지면[315]

是謂梵志
시 위 범 지

이를 청정한 도인의 뜻이라 이르니라.

35-38

于前于後
우 전 우 후

앞에도 뒤에도

乃中無有
내 중 무 유

마침내 가운데에도 존재함이 없나니[316]

---

313 무의도인無依道人은 그 무엇에도 걸림과 집착이 없는 도인이다. 이에 비해 의보依報는 과거 업業의 갚음으로 얻는 유정有情이다. 곧 중생의 몸을 정보正報라 하고 그 몸이 의지하고 있는 환경인 세상을 의보라고 한다.

314 오도五道는 오취 또는 오악도라고 하며 육도(천상세계, 인간세계, 아수라 즉 싸움 잘하는 귀신세계, 짐승세계, 아귀 즉 마르고 굶주린 귀신세계, 지옥세계)에서 아수라를 뺀 나머지이다.

315 이미 말했듯이 습기習氣는 행行의 잠재성으로 성향이나 습관 혹은 습을 말한다. 또한 습習 혹은 습기는 업業의 기氣가 장식藏識(일체의 종자를 함장했다는 뜻)을 훈습薰習(우리의 말, 행동, 행각 등이 반드시 어떤 인상이나 힘으로 자신의 마음 바탕에 저장되는 작용)하여 남긴 업의 흔적을 말한다.

無操無捨
무조무사

잡을 것이 없어 버릴 것도 없을지면

是謂梵志
시위범지

이를 청정한 도인의 뜻이라 이르리라.

35-39

最雄最勇
최웅최용

가장 뛰어나고 가장 용맹스러우면

能自解度
능자해도

스스로 벗어나 열반에 이를 수 있으리니

覺意不動
각의부동

그 마음 깨닫고 움직이지 아니하노라면

是謂梵志
시위범지

이를 청정한 도인의 뜻이라 이른다.

35-40

自知宿命
자지숙명

지난 인연 따른 운명을 스스로 알고

本所更來
본소갱래

본래의 곳으로 다시 오거늘

得要生盡
득요생진

삶이 다하는 중요한 진리 깨닫고

叡通道玄
예통도현

심오한 도 밝게 통달할지라도

316 유有는 범어 bhava의 번역으로 유정有情으로서의 존재 또는 생존을 뜻하며
공空 또는 무無의 반대 개념이다. 이는 크게 실재론적 실유實有, 연기론적 가유假
有, 유식唯識에서 말하는 진공묘유眞空妙有 등이 있다.

明如能默　　밝은 지혜로 만약 침묵할 수 있다면[317]
명 여 능 묵

是謂梵志　　이를 청정한 도인의 뜻이라 이를지어다.
시 위 범 지

317 명明은 이미 말한 바와 같이 어리석음의 어두움을 깨고 진리를 깨닫는 성스러운 지혜를 말한다.

또한 묵연무어默然無語는 무언무설無言無說과 같이 말이 없다는 뜻이다. 즉 문수보살과 관자재보살이 불이문不二門(불이법문不二法門)에 대해 논할 때 유마거사는 침묵으로 일관하며 말이 없었다. 이에 문수보살이 이야말로 진실한 불이문이라 칭찬하니 이를 묵불이默不二 또는 유마묵언維摩默言이라 하게 되었다고 한다.

결국 말과 상이 끊어진 무언무상無言無相의 경지가 적멸寂滅과 중도中道의 경지임을 짐작하게 된다.

옮긴이 **이종기** (李鍾淇, 1913~1987)

경주 보통학교를 졸업하고 한학에 매진했으며 전남방직주식회사 상무 이사를 역임했다.

1953년 총 2천여 권의 도서로 경주 읍립도서관 설립에 기여한 3인 중 1인이며, 이후 경주 시립도서관(1963년) 승격 후에도 많은 도서와 기자재 등을 기여한 공로 외에 전국 마을문고 설립에 앞장선 공로로 진흥회 공로상과 정부 공로상 등을 받았다.

그리고 원각회와 대원정사 창립 등에 관계했다.

저서로는 유고집인 『법구경』, 『법화경』, 『유마경』 등이 있다.

교정본이 **이우경** (李雨卿)

이화여자대학교 국어국문학과를 졸업하고 동대학원에서 박사학위를 받았으며 대학 강사를 역임했다.

논문으로 「한중록」, 「동명일기」, 「구운몽」 등 다수가 있으며, 저서로는 『한국 산문의 형식과 실제』, 『삼국사기 열전 새로 읽기』 외 『삼국사기』 편역과 산문집 등이 있다.

법구경 法句經

초판 1쇄 인쇄 2020년 4월 17일 | 초판 1쇄 발행 2020년 4월 27일
옮긴이 이종기 | 교정본이 이우경 | 펴낸이 김시열
펴낸곳 도서출판 운주사

(02832) 서울시 성북구 동소문로 67-1 성심빌딩 3층
전화 (02) 926-8361 | 팩스 0505-115-8361
ISBN 978-89-5746-587-5 03220 값 18,000원
http://cafe.daum.net/unjubooks 〈다음카페: 도서출판 운주사〉